Manfred Mai · Wer viel fragt, wird schlau

Manfred Mai

Wer viel fragt, wird schlau

Mit Illustrationen von Dagmar Geisler

Loewe

Bibliografische Information Der Deutschen Bibliothek
Die Deutsche Bibliothek verzeichnet diese Publikation
in der Deutschen Nationalbibliografie;
detaillierte bibliografische Daten sind im Internet
über *http://dnb.ddb.de* abrufbar.

*Der Umwelt zuliebe ist dieses Buch
auf chlorfrei gebleichtem Papier gedruckt.*

ISBN 3-7855-5213-0 – 1. Auflage 2004

Umschlagillustration: Dagmar Geisler
Umschlaggestaltung: Barbara Weishaupt
Printed in Slovenia

www.loewe-verlag.de

Inhalt

Meine Zähne

Unsere Erde

Unser Wasser

Ausländer bei uns

Wie es früher war

Warum muss man in die Schule?

Martin hat immer jede Menge Unsinn im Kopf. Im Kindergarten sind alle froh, dass er endlich in die Schule kommt. Nur Martin ist nicht froh.

„Warum muss man überhaupt in die Schule?“, fragt er Frau Haug, die Erzieherin.

Kerstin hat die Frage gehört und ruft: „Damit man rechnen, lesen und schreiben lernt.“

„Das kann ich ja schon“, sagt Martin.

Kerstin zeigt ihm einen Vogel. „Kannst du nicht, du Angeber!“

Martin will sich auf Kerstin stürzen.

„Halt!“ Frau Haug schafft es gerade noch, ihn festzuhalten. Und zu Kerstin sagt sie: „Natürlich kennt Martin schon einige Buchstaben, und er kann auch seinen Namen schreiben. Genau wie du. Aber das reicht nicht. Ihr müsst alle Buchstaben kennen und damit viele, viele Wörter richtig schreiben können.

Und mit den Zahlen ist es genauso. Wie viel ist zwei und zwei?"

„Vier", antwortet Martin sofort.

„Gut", sagt Frau Haug. „Und wie viel ist neun und dreizehn?"

„So große Zahlen kann ich noch nicht", brummt Martin.

„Siehst du", sagt Frau Haug. „Und mit so großen Zahlen zu rechnen, das lernst du in der Schule."

„Kannst du auch mit so großen Zahlen rechnen?"

Frau Haug nickt.

„Dann kann ich das doch hier bei dir lernen“, sagt Martin.

„Nein, das geht nicht“, erklärt Frau Haug, „denn dazu braucht man sehr viel Zeit. Schau mal, Martin, wenn ich mit dir, Kerstin und den anderen großen Kindern lesen, schreiben und rechnen würde, hätte ich für die kleinen überhaupt keine Zeit mehr. Und das wäre doch nicht richtig.“

Warum kann man Lesen, Schreiben und Rechnen nicht im Kindergarten lernen?

„Ich freu mich auf die Schule“, sagt Kerstin.

Martin wirft ihr einen bösen Blick zu.

Frau Haug lacht. „Martin wird auch bald merken, dass es in der Schule sehr schön und interessant ist.“ Sie wuschelt ihm durch die Haare. „Du bist doch ein guter Sportler, hab ich Recht?“

„Klar“, sagt Martin. „Ich spiele sogar Handball in der Kindermannschaft.“

„Na also“, sagt Frau Haug. „Zu der Schule gehört nämlich auch eine große Turnhalle. Da habt ihr zwei- oder dreimal in der Woche Sport.“

„Wirklich?“, fragt Martin.

„Wirklich“, bestätigt Frau Haug. „Und neben der Turnhalle ist noch ein kleines Hallenbad.“

„Das hat meine Mama mir schon gezeigt“, sagt Kerstin. „Das ist ganz toll.“

„Ein richtiges Hallenbad?“, fragt Martin staunend.

Frau Haug schmunzelt. „Tja, Martin, in der Schule geht’s eben nicht nur um Lesen, Rechnen und Schreiben. Man lernt noch vieles, was man im Kindergarten nicht lernen kann. Deswegen macht die Schule ja so Spaß."

Martin guckt Frau Haug mit großen Augen an. Er kann gar nichts mehr sagen und muss erst einmal in Ruhe nachdenken.

Was tut ein Rektor?

Frau Bodmer sucht etwas in ihrer Tasche. „Es muss doch da drin sein“, murmelt sie. Plötzlich fasst sie sich an den Kopf. „Ich hab’s im Rektorat liegen lassen!“ Sie stellt die Tasche weg. „Wer läuft mal eben schnell ins Rektorat und holt mir das Buch?“

Niemand meldet sich.

„Na, was ist?“ Frau Bodmer wundert sich. „Philipp, bitte sei so lieb.“

„Ich habe Angst“, murmelt Philipp. „Angst?“ Frau Bodmer schaut die Kinder an. „Ihr habt Angst vor dem Rektor? Na, dagegen müssen wir sofort etwas tun.“ Sie geht aus dem Zimmer und kommt wenig später wieder zurück – mit dem Rektor.

„Guten Morgen, Kinder“, sagt der Rektor.

„Guten Morgen, Herr ...“ Die Kinder wissen nicht recht, wie sie ihn anreden sollen. Ein paar sagen „Herr Rektor“.

„Mein Name ist Schiller“, stellt sich der Rektor vor. „Wir kennen uns ja schon von der Einschulungsfeier.“

Die Kinder nicken.

„Nun hat mir Frau Bodmer gerade gesagt, dass ihr Angst vor mir habt. Sehe ich denn so fürchterlich aus?“

Die Kinder schütteln die Köpfe. Von hinten hört man ein „Nein“.

„Da bin ich ja erleichtert“, sagt Herr Schiller. „Aber warum habt ihr dann Angst vor mir? Etwa weil ich Rektor bin?“

Die Kinder antworten nicht.

„Ist ein Rektor denn etwas Gefährliches wie ein Löwe oder ein Tiger?“

„Nein!“, rufen die Kinder.

„Na also“, sagt Herr Schiller. „Dann braucht ihr

doch auch keine Angst vor mir zu haben." Er schaut die Kinder an. „Soll ich euch verraten, was ich glaube? Ihr wisst noch nicht so richtig, was ein Rektor ist und was er tut. Vielleicht haben euch ältere Schüler dummes Zeug über den Rektor erzählt."

Philipp meldet sich. „Thomas hat gesagt, wenn man zum Rektor muss, reißt der einem die Ohren ab."

„Das ist völliger Blödsinn", beruhigt Herr Schiller Philipp. „Lasst euch von solchen Großmäulern bloß keine Angst machen. Ich will euch erzählen, was ein Rektor tut. Zuerst einmal ist ein Rektor Lehrer wie alle anderen Lehrer auch. Ich unterrichte zum Beispiel in den achten und neunten Klassen. Am Anfang des Schuljahres muss ich die Stundenpläne für alle Klassen machen. Das ist manchmal ziemlich schwierig. Ich muss auch ausrechnen, wie viele Lehrer wir brauchen, damit wir nicht zu wenig haben. Sonst würdet ihr nicht genug Unterricht bekommen. Dann muss ich entscheiden, welche Lehrerinnen und Lehrer in welchen Klassen unterrichten. Und am Ende des Schuljahres muss ich die Zeugnisse unterschreiben."

Ist der Rektor auch Lehrer?

„Alle?"

„Ja." Herr Schiller nickt. „Aber es gibt noch viel mehr zu tun. Ich muss auch darauf achten, dass euch die Lehrerinnen und Lehrer das beibringen, was im Lehrplan steht. Die dürfen nämlich nicht unterrich-

Dürfen Lehrer unterrichten, was sie wollen?

Was steht in einem Klassenbuch?

ten, was sie wollen. Sie müssen für das ganze Schuljahr Unterrichtspläne machen und sie mir zeigen. Und nach jeder Stunde müssen die Lehrer ins Klassenbuch eintragen, was ihr gelernt habt.“ Herr Schiller nimmt das Klassenbuch und hält es hoch. „Hier steht auch drin, wer zu spät kommt, wer fehlt und wer frech war. Diese Klassenbücher schaue ich jede Woche genau an. Tja, und manchmal muss ich mit frechen oder faulen Schülern ein ernstes Wort sprechen. Das gehört leider auch dazu. Aber die Ohren habe ich dabei noch keinem abgerissen.“

Die Kinder lächeln.

„Zu all diesen und einigen anderen Aufgaben kommen noch die Sitzungen und Gespräche mit den Lehrern, mit Eltern und mit Schulräten.“ Herr Schiller streicht sich über seine Glatze. „Ihr seht, so ein Rektor hat viel zu tun. Und wie alle Menschen hat er nicht jeden Tag gleich gute Laune. Aber selbst wenn ich einmal ganz schlecht gelaunt bin, braucht ihr keine Angst vor mir zu haben. Vergesst das nicht.“ Herr Schiller nickt Frau Bodmer zu, dann geht er zur Tür. Dort bleibt er noch einmal stehen und dreht sich um. „Und jetzt wünsche ich euch viel Spaß beim Lernen!“

Da fällt Frau Bodmer etwas ein. „Mein Buch liegt ja noch immer im Rektorat“, sagt sie. „Würdest du es mir jetzt bitte holen, Philipp?“

Der Junge springt auf. „Klar“, sagt er und grinst. Zusammen mit dem Rektor verlässt er das Klassenzimmer.

Warum gibt es Förderschulen?

Am ersten Schultag nach den Sommerferien ist in der Klasse 2a ziemlich viel los. Tische und Stühle müssen richtig aufgestellt werden, die neuen Bücher werden ausgeteilt, der Stundenplan muss von der Tafel abgeschrieben werden, und nebenbei haben sich die Schüler natürlich viel zu erzählen.

In diesem Trubel merkt zuerst niemand, dass Joschi fehlt.

Doch irgendwann sieht Florian Joschis leeren Platz. Er schaut sich um. „Herr Schwarz, wo ist denn Joschi?“

„Tja, der Joschi kommt nicht mehr“, sagt Herr Schwarz. „Der ist jetzt in einer anderen Schule.“

Es wird ganz still in der Klasse.

„Warum?“, fragt Florian.

„Weil er dumm ist!“, ruft Marco.

„Red du lieber nicht so dumm daher“, ermahnt

Herr Schwarz Marco. „Joschi ist nicht dumm. Aber ihr wisst, dass er sich oft schwer tut mit dem Lernen“, erklärt Herr Schwarz. „Er kann nicht so lange still sitzen und aufpassen wie ihr. Und er braucht mehr Zeit für die Aufgaben als ihr. Deswegen ist Joschi jetzt in einer besonderen Schule.

„In einer Förderschule!“, ruft Simone.

„Richtig, in einer Förderschule.“

Was lernt man in einer Förderschule?

„Und was lernt er dort?“, fragt Florian.

„So ziemlich das Gleiche wie ihr“, sagt Herr Schwarz.

„Warum ist er dann nicht bei uns geblieben?“, will Katrin wissen.

„Weil er in der Förderschule besser lernen kann als bei uns in der Grundschule. Dort ist er in einer Klasse mit neun Kindern; ihr seid sechsundzwanzig. Die Lehrer haben also viel mehr Zeit für ihn. Außerdem haben sie gelernt, wie sie mit Kindern wie dem Joschi umgehen müssen.“

„Bloß neun Kinder in der Klasse?“, fragt Katrin ungläubig. „Dann möchte ich lieber auch in die Förderschule.“

„Ich auch!“, ruft Marco.

Herr Schwarz muss lachen. „Das kann ich gut verstehen, aber dann würde die Förderschule bald aus den Nähten platzen. Außerdem versuchen wir ja, für jedes Kind die passende Schule zu finden. Für euch und die meisten Kinder ist das die Grundschule, für Joschi und manche andere ist es die Förderschule."

Warum sind Hausaufgaben wichtig?

Schulkinder ärgern sich manchmal darüber, dass sie nachmittags noch Hausaufgaben machen müssen. Klar: Spielen macht meistens mehr Spaß! Trotzdem ist es wichtig, regelmäßig zu üben, was man in der Schule lernt. Dadurch kann man sich alles Neue viel besser merken.

Am besten ist es, alle Aufgaben in ein eigenes Aufgabenheft zu schreiben. Sobald sie erledigt sind, werden sie durchgestrichen. Dann kann man nichts vergessen.

Wofür gibt es Büchereien?

In den meisten Städten gibt es eine Bücherei, in der man Bücher ausleihen kann. Aber auch Schulen haben eigene Büchereien. Da gibt es nicht nur spannende und lustige Geschichten, sondern auch Sachbücher zu vielen Themen.

Wenn die Lehrerin im Unterricht zum Beispiel über ein bestimmtes Tier erzählt hat und man noch mehr darüber wissen will, kann man sich in der Schulbücherei Bücher dazu ausleihen. Zwar darf man die Bücher dann nicht behalten, aber dafür kosten sie auch nichts!

Warum müssen die Eltern manchmal auch in die Schule?

Manchmal werden Eltern abends in die Schule eingeladen. Diese Elternabende sind sehr wichtig, denn dort lernen die Eltern neue Lehrer kennen, erfahren etwas über den Unterricht, die Klasse oder über geplante Veranstaltungen. Außerdem können die Eltern den Lehrern Fragen stellen oder Vorschläge machen.

Vielleicht möchten die Eltern zum Beispiel, dass ihre Kinder weniger Bücher in die Schule schleppen müssen. Dann kann auf dem Elternabend besprochen werden, ob einige Bücher nicht auch in der Schule aufbewahrt werden können.

Warum soll ich über den Zebrastreifen gehen?

Robin und sein Freund Johannes sind auf dem Weg zum Bäcker. Sie sollen Brötchen holen.

„He, wo willst du denn hin?“, fragt Robin. „Da drüben ist doch der Bäcker.“

„Weiß ich auch“, sagt Johannes. „Aber ich gehe über den Zebrastreifen.“

„Warum denn das?“

„Weil es da sicherer ist“, erklärt Johannes ruhig.

„Pah“, macht Robin. „Ich bin doch nicht blöd und laufe jedes Mal bis zu dem Zebrastreifen und auf der anderen Seite wieder zurück. Ich gehe immer hier über die Straße, und mir ist noch nie etwas passiert.“

„Das ist mir egal“, sagt Johannes und geht weiter.

Robin stellt sich an den Straßenrand, schaut nach

links und nach rechts. Von beiden Seiten kommen Autos. Ihm bleibt nichts übrig, als zu warten.

Während Robin wartet, ist Johannes schon am Zebrastreifen angekommen. Er streckt den Arm aus und zeigt damit den Autofahrern, dass er über die Straße möchte. Zwei fahren trotzdem weiter. Erst die nächsten halten an und lassen Johannes den Vortritt. Auf der anderen Seite läuft er wieder zurück bis zu der Bäckerei.

Robin steht noch immer am Straßenrand und wartet. Er ist wütend, das sieht man ihm an. Einmal will

er sogar loslaufen, obwohl von rechts ein Auto kommt. Doch als der Autofahrer kräftig auf die Hupe drückt, schreckt Robin zurück.

„Geh doch auch über den Zebrastreifen!", ruft Johannes.

Jetzt erst recht nicht, denkt Robin.

Johannes schaut zur Uhr. „Ich muss bald nach Hause!"

„Dann hau doch ab!" Robin schaut wieder nach rechts und nach links. Von rechts kommt nichts; links hält ein Lastwagen an. Der Fahrer fragt eine Frau nach dem Weg. Diesen Augenblick nutzt Robin und saust über die Straße.

„Siehst du, ich bin rübergekommen", sagt er zu Johannes.

Der sagt nichts, weil er keinen Streit mit seinem Freund will.

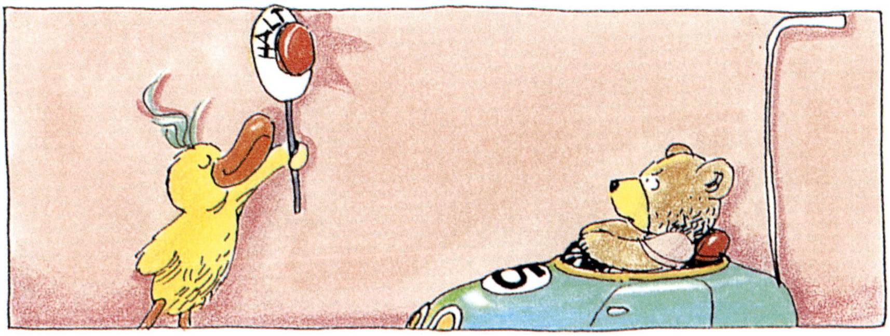

Warum muss man bei Rot immer warten?

Mama war mit Benni und Miriam beim Kinderarzt in der Stadt. Und weil beide so tapfer waren, hat sie ihnen ein Eis versprochen. Aber der Weg vom Kinderarzt bis zur Eisdiele ist für die beiden schrecklich lang.

„Wann kriege ich endlich mein Eis?“, quengelt Benni.

„Wir sind gleich da“, beruhigt ihn Mama. „Das hast du schon mal gesagt“, brummt Miriam.

„Stimmt ja auch“, sagt Mama. „Ich kann die Eisdiele schon sehen.“

„Wo? Wo ist sie?“, ruft Benni und marschiert gleich ein bisschen schneller.

„Hinter der großen Kreuzung“, antwortet Mama.

An der Kreuzung bleiben Mama und Miriam stehen. Aber Benni will weitergehen.

„Halt“, sagt Mama. „Wir müssen warten.“

„Warum?“, fragt Benni.

Miriam zeigt zur Ampel. „Siehst du das rote Männchen dort nicht?“

„Doch!“, ruft Benni.

„Wenn das rote Männchen leuchtet, müssen die Fußgänger warten“, erklärt Miriam ihrem kleinen Bruder.

„Ich will aber nicht warten“, ruft Benni. „Ich will mein Eis!“ Er zieht an Mamas Hand.

„Lass das!“, sagt Mama. „Miriam hat Recht.“

Benni schaut die Straße entlang. „Es kommen ja gar keine Autos. Warum müssen wir denn dann so lange warten?“

„Weil das Männchen rot ist“, antwortet Miriam. „Und Rot bedeutet im Straßenverkehr immer, dass man warten muss.“

In diesem Augenblick geht ein junger Mann an Benni vorbei über die Straße.

„Warum muss der nicht warten?“, fragt Benni.

Mama antwortet nicht. Sie ruft dem jungen Mann hinterher: „He! Die rote Ampel gilt auch für Sie!“

Der junge Mann schaut zurück. „Ich gehe über die Straße, wann ich will!“, ruft er und lacht.

„Wie sollen die Kinder lernen, sich richtig zu verhalten, wenn Erwachsene es ihnen falsch vormachen?“, fragt Mama.

„Was interessieren mich Ihre Kinder“, sagt der Mann und will weiter. Da sieht er auf der anderen Seite einen Polizisten kommen. Einen Moment zögert er, dann dreht er sich um und will wieder zurück.

Im gleichen Augenblick quietschen Bremsen, die Leute schreien auf, der junge Mann wird von einem Auto gestreift und zu Boden geschleudert.

Benni und Miriam werden blass. Beide drücken sich an ihre Mama.

Zum Glück ist der junge Mann nur leicht verletzt. Mit Hilfe von zwei Männern humpelt er auf den Gehweg. Der Polizist sorgt dafür, dass der Verkehr wieder fließt. Dann geht er zu dem jungen Mann und spricht mit ihm.

Benni und Miriam hören nicht, was der Polizist sagt. Sie sehen nur, dass der junge Mann über dem rechten Auge blutet.

Was tut man, wenn man sich verlaufen hat?

Mama und Selina fahren zu Tante Karin in die Stadt. Die beiden Frauen wollen zusammen einkaufen. Selina soll solange mit ihrem Cousin Martin spielen.

Doch Martin hat keine Lust, sich mit Selina zu beschäftigen. „Ich geh zu meinen Freunden“, sagt er.

Selina kommt mit. Martin kennt einige Abkürzungen, und bald stehen sie vor einem grünen Hochhaus. Erkan und Ruben spielen auf dem Parkplatz Fußball.

„Wer ist denn das?“, fragt Ruben. „Meine Cousine“, sagt Martin. „Und was will die hier?“ Sehr freundlich klingt Erkans Frage nicht gerade.

„Mit uns spielen“, brummt Martin.

„Kannst du Fußball spielen?“, fragt Ruben und kickt Selina den Ball zu.

Der Ball rollt an Selina vorbei unter ein parkendes Auto. Während sie den Ball sucht, flüstern die drei Jungen miteinander.

„He, Selina!", ruft Martin. „Wir spielen Verstecken. Du musst uns suchen!"

„Warum muss ich suchen?", fragt Selina. Aber sie bekommt keine Antwort. Die drei Jungen sind schon hinter den Garagen verschwunden.

Selina ist wütend. Sie kickt den Ball weg und geht.

Es dauert nicht lange, da steht sie an einer Kreuzung und weiß nicht weiter. Mit Tränen in den Augen läuft sie wieder zurück, findet jedoch das grüne Hochhaus nicht mehr. Sie lehnt sich an eine Mauer und weint.

Da kommt ein Mädchen auf sie zu. Es fasst Selina sanft am Arm. „Warum weinst du?"

„Ich habe mich verlaufen", schnieft Selina.

„Wo wohnst du denn?", fragt das Mädchen.

Selina schluckt. „Ich bin nur zu Besuch hier bei meiner Tante."

„Und wo wohnt die?"

„Weiß ich nicht."

„Wie heißt deine Tante?", fragt das Mädchen weiter.

„Karin Weite", antwortet Selina.

Das Mädchen zuckt die Achseln. „Kenn ich nicht."

EINFAHRT

Selina heult wieder los. „Was ... Was mache ich denn jetzt?“

„Ich weiß es“, sagt das Mädchen. „Wir gehen zur Polizei.“

Selina staunt. „Zur Polizei?“

Das Mädchen nickt. „Die kriegen bestimmt raus, wo deine Tante wohnt.“

„Weißt du denn, wo die Polizei ist?“

„Nö, aber wir können ja fragen.“ Das Mädchen hakt sich bei Selina ein. „Ich heiße übrigens Anja. Und du?“

Selina putzt sich die Nase und sagt ihren Namen.

„Du wirst sehen, jetzt bist du bald wieder daheim!“, meint Anja und lacht.

Die beiden Mädchen gehen in ein Geschäft, erhalten die gewünschte Auskunft und machen sich auf den Weg. Plötzlich sehen sie einen Streifenwagen. Anja stellt sich an den Straßenrand und fuchtelt wild mit den Armen.

Der Streifenwagen hält. Ein Polizist kurbelt das Fenster herunter und fragt: „Was gibt's denn?“

„Sie hat sich verlaufen“, antwortet Anja.

„Verlaufen?“ Der Polizist steigt aus. Dann stellt er Selina die gleichen Fragen wie vorher Anja. Aber er will noch mehr wissen. „Du kennst doch sicher eure Telefonnummer?“

Selina nickt.

„Na, siehst du“, sagt der Polizist. „Da rufen wir jetzt an ...“

„Aber zu Hause ist niemand“, unterbricht ihn Selina. „Meine Mama ist doch mit Tante Karin zum Einkaufen gegangen.“

„Ach so“, sagt der Polizist. „Ja, dann müssen wir aufs Polizeirevier und die Adresse deiner Tante herausfinden.“ Er öffnet die hintere Wagentür. „Steigt ein!“

Anja ist begeistert, dass sie im Streifenwagen fahren darf, und selbst Selina lächelt schon wieder ein bisschen.

Auf dem Polizeirevier sucht ein Polizist mithilfe des Computers die Adresse von Tante Karin. Das geht blitzschnell.

Wie kann die Polizei Adressen herausfinden?

Welche Nummer muss man wählen, wenn man die Polizei rufen möchte?

„Seht ihr, es gibt keinen Grund, gleich verzweifelt zu sein, wenn ihr euch mal verlaufen habt", sagt der Polizist. „Ihr müsst nur einen Polizisten fragen. Und wenn ihr keinen findet, könnt ihr auch die Nummer 110 anrufen. Dann kommt einer von uns und hilft euch."

Die beiden Mädchen werden mit dem Streifenwagen zu Tante Karins Wohnung gefahren. Dabei kommen sie an dem grünen Hochhaus vorbei. Martin, Erkan und Ruben sitzen auf der Gartenmauer.

„Können Sie mal schnell anhalten?", fragt Selina den Fahrer.

„Warum?"

„Ich muss den drei Jungen etwas sagen", antwortet Selina.

Der Wagen hält. Selina kurbelt die Scheibe runter.

„Ich fahre jetzt zu Tante Karin!“, ruft sie und streckt die Zunge raus.

Als Martin, Erkan und Ruben die beiden Mädchen im Streifenwagen sehen, platzen sie beinahe vor Neid.

Wie sieht ein verkehrssicheres Fahrrad aus?

Fahrräder müssen regelmäßig gepflegt werden. Besonders wichtig ist die Überprüfung von Licht und Bremsen. Du solltest aber auch heruntergefallene Katzenaugen oder eine kaputte Klingel ersetzen – du willst ja von den anderen Verkehrsteilnehmern nicht nur gesehen, sondern auch gehört werden! Und schließlich brauchst du natürlich auch einen Fahrradhelm, um sicher ausgerüstet zu sein.

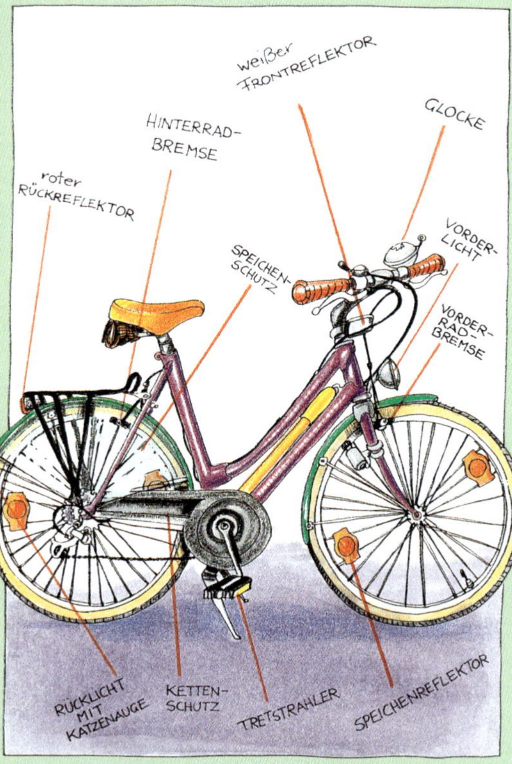

Einige wichtige Verkehrszeichen:

An einer Kreuzung mit diesem Zeichen hat das Fahrzeug, das von rechts kommt, Vorfahrt. Die Regel „rechts vor links“ gilt außerdem immer dann, wenn die Vorfahrt nicht durch Schilder oder Ampeln geregelt ist.

Bei diesem Schild musst du anhalten und nach links und rechts schauen. Erst bei einer Lücke im Querverkehr darfst du in die Vorfahrtstraße einfahren.

Das ist ein Hinweis auf einen Radweg. Radwege dürfen weder Autofahrer noch Fußgänger benutzen. Trotzdem solltest du besonders auf Fußgänger achten.

Dieses Zeichen bedeutet, dass du an Kreuzungen Vorfahrt hast. Alle anderen müssen warten.

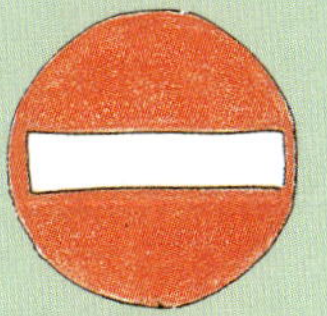

Wenn an einer Straße dieses Schild steht, darf kein Fahrzeug einfahren. Meistens steht es an Einbahnstraßen, durch die man nur in eine Richtung fahren darf.

Warum muss man sich im Auto anschnallen?

Wenn du mit deinen Eltern im Auto unterwegs bist, musst du dich auf dem Rücksitz anschnallen. Manche Kinder möchten sich auch im Auto am liebsten viel bewegen, aber stell dir vor, es passiert ein Unfall und du bist nicht angegurtet! Dann wirst du dich verletzen, vielleicht musst du sogar ins Krankenhaus.

Warum soll ich mir die Nummer 112 merken?

Warum soll ich mir die Nummer 112 merken?

Was macht die Feuerwehr?

In Klasse 2 a steht Sachkunde auf dem Stundenplan.

„Heute wollen wir uns mal ein wenig über die Feuerwehr unterhalten“, sagt Herr Huber. „Was wisst ihr denn schon über die Feuerwehr?“

Sofort gehen die Hände hoch. „Die Feuerwehr kommt, wenn's brennt.“

„Und bei Unfällen.“

„Feuerwehrmänner fangen auch Bienen- und Wespenschwärme wieder ein.“

„Und entlaufene Tiere.“

„Sie müssen oft üben, damit sie alles können.“

„Es gibt richtige Feuerwehrmänner und andere, die das nur als Hobby machen.“

„Die Feuerwehr kommt immer, wenn man sie braucht. Auch bei Nacht.“

Die meisten Kinder machen mit. Nur Björn und Birol tuscheln die ganze Zeit. Herr Huber ermahnt die beiden, aber sie passen trotzdem nicht lange auf.

„In großen Städten gibt es Berufsfeuerwehren", erklärt Herr Huber. „Dort sind die Feuerwehrleute Tag und Nacht einsatzbereit im Feuerwehrhaus, das man Feuerwache nennt. Nach 24 Stunden Dienst werden sie von anderen Feuerwehrleuten abgelöst und dürfen für 24 Stunden nach Hause. In kleineren Städten und Gemeinden gibt es freiwillige Feuerwehren. Das sind zwar auch richtige Feuerwehrleute, aber sie haben alle einen anderen Beruf. Die kommen nur zum Feuerwehrhaus, wenn sie üben oder alarmiert werden." Er schaut Björn und Birol an. „Ihr könnt mir bestimmt sagen, wie man die Feuerwehr ruft."

Was sind Berufsfeuerwehren?

Was sind freiwillige Feuerwehren?

Die beiden erschrecken, weil sie nicht zugehört haben. Herr Huber schüttelt den Kopf. „Euch kann man nur wünschen, dass ihr die Feuerwehr nie braucht."

Nicole weiß gut Bescheid, weil ihr Vater bei der freiwilligen Feuerwehr ist. „Man muss beim Telefon die Nummer 112 wählen, dann ist man sofort mit der Feuerwehr verbunden. Es gibt auch Feuermelder. Da muss man die Scheibe einschlagen, auf den Knopf drücken und warten, bis die Feuerwehr kommt."

Wie ruft man die Feuerwehr?

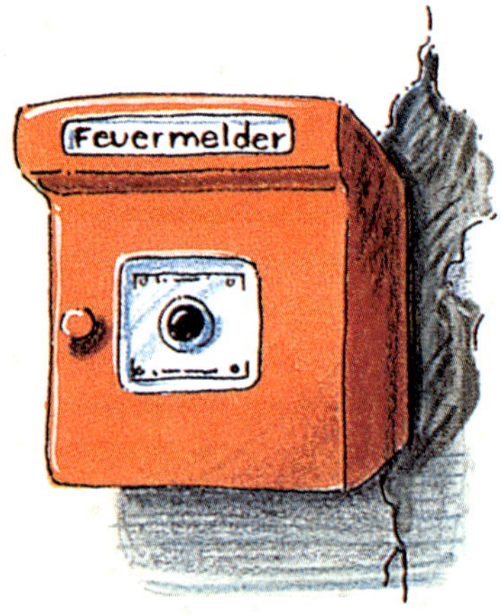

Björn und Birol spielen mit einem Papierkügelchen. Die Feuerwehr interessiert sie nicht. Und beide sind froh, als die Stunde zu Ende ist und sie nach Hause dürfen.

Am Nachmittag kommt Achim zu Björn. Sie spielen Verstecken. Björns kleiner Bruder Daniel entdeckt in der Garage den alten Kühlschrank, der auf den Müll soll. Sofort setzt er sich hinein und zieht die Tür zu.

Björn muss suchen und findet Achim ziemlich schnell. Aber seinen Bruder findet er nicht.

„Wo kann der nur sein?“, fragt er sich, nachdem er alle guten Verstecke abgesucht hat. Plötzlich hört er in der Garage ein Klopfen. Es kommt aus dem Kühlschrank. Björn will die Tür öffnen, aber sie klemmt. „Achim, hilf mir!“

Doch auch zu zweit schaffen sie es nicht. Die Tür sitzt fest.

„Hilfe! Daniel erstickt!“, ruft Björn und fängt an zu heulen. „Warum ist nur Mama nicht da?“

Er läuft auf die Straße und ruft laut um Hilfe. Aber niemand ist zu sehen. Er rennt wieder zurück, zieht

noch einmal mit aller Kraft an der Kühlschranktür. Nichts zu machen.

„Tu doch was!", schreit Björn seinen Freund an.

„Die Feuerwehr!", sagt Achim. „Wir müssen die Feuerwehr rufen."

Björn spürt einen heißen Stich. Die Feuerwehr rufen! Aber wie? Achim läuft schon zum Telefon. Björn hinterher. Achim wählt die Nummer 112 und sagt, wo sie sind und was passiert ist.

Dann laufen sie zurück in die Garage und lauschen am Kühlschrank. Es ist nichts zu hören. Björn klopft mit der Faust dagegen und drückt das Ohr an die Tür – nichts.

„Daniel!", schreit er.

Achim hört ein Martinshorn, läuft hinaus auf die Straße und winkt. Das Feuerwehrauto hält genau vor ihm. Die Männer reißen die Türen auf und springen heraus.

„Schnell!", ruft Achim und läuft voraus. Der Gruppenführer hebt den verheulten Björn zur Seite und versucht, die Kühlschranktür zu öffnen. Auch er schafft es nicht.

„Stemmeisen!", sagt er.

Zwei Männer kommen mit Stemmeisen und brechen die Tür auf. Daniel liegt bewusstlos im Kühlschrank. Der Gruppenführer holt ihn heraus, legt ihn auf den Boden, prüft die Atmung und den Puls.

„Er lebt“, stellt er erleichtert fest.

Im selben Augenblick trifft der Notarztwagen ein. Daniel wird mit Sauerstoff beatmet, und bald geht es ihm wieder besser.

„Zwei, drei Minuten später, und der Junge wäre nicht mehr zu retten gewesen“, sagt der Arzt.

Wieder spürt Björn einen heißen Stich. Er darf gar nicht daran denken, was ohne Achim passiert wäre.

Warum ist die Feuerwehr so schnell?

In der Feuerwache 1 ist Mittagspause. Die meisten Männer liegen auf ihren Betten und ruhen sich aus. Sie haben schon zwei Einsätze hinter sich.

Um 8.35 Uhr wurden sie in ein Wohnhaus gerufen, weil ein Wasserleitungsrohr geplatzt war und der Keller unter Wasser stand. Die Feuerwehrmänner mussten mit Saugpumpen das Wasser aus dem Keller pumpen.

Kaum waren sie wieder in der Feuerwache, ertönte die Alarmglocke zum zweiten Mal.

Ein Laster mit Heizöl war umgekippt. Öl lief aus dem Tank. Die Feuerwehrmänner verstopften zuerst das Loch im Tank. Dann streuten sie Bindemittel über das ausgelaufene Öl und verhinderten so, dass es ins Grundwasser geriet.

Zum Schluss wurde der Laster mit dem Kranwagen wieder auf die Räder gestellt.

Jetzt ist es 12.48 Uhr. In der Einsatzzentrale läutet das Telefon. Ein Brand in einer Textilfabrik wird gemeldet. Der Mann in der Einsatzzentrale entscheidet sofort, dass in diesem Fall zwei Löschzüge gebraucht werden, und löst Alarm aus.

Die Männer springen von den Betten in die bereitstehenden Stiefel und ziehen sich im Rennen ihre Jacken über. Dann klammern sie sich an die Rutschstangen und rutschen vom Aufenthaltsraum in die Fahrzeughalle hinunter. Unten schnappt jeder seinen Helm, den Ledergurt mit Feuerwehrbeil und Sicherungsseil und die Schutzhandschuhe. Im Laufen und im Auto ziehen sie sich fertig an. Die Türen der

Was gehört zur Ausrüstung eines Feuerwehrmanns?

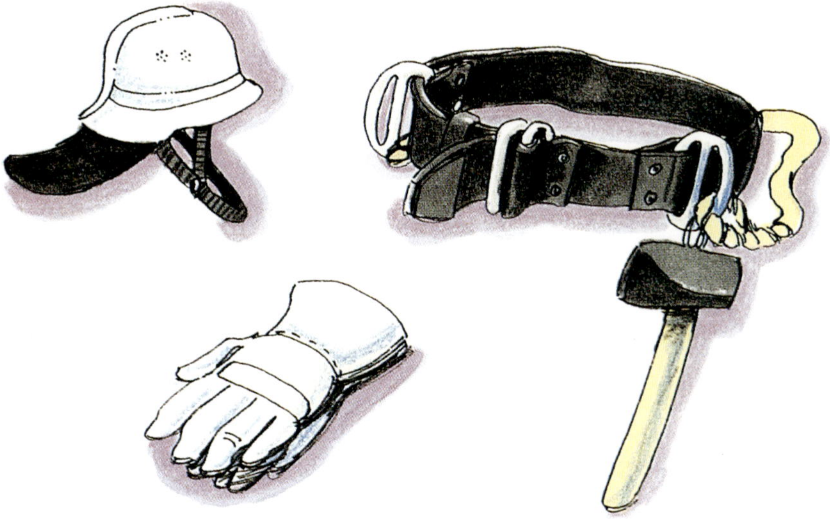

Fahrzeughallen fliegen auf. Mit Blaulicht und Martinshorn fahren die Wagen der beiden Löschzüge los. Der Brandmeister fährt im PKW voraus. Er hat über Funk ständig Kontakt mit der Einsatzzentrale.

Was macht der Brandmeister?

Von dort wird ihm auch der kürzeste Weg zum Brandort genannt. „Anfahrt über die Ringstraße ins Industriegebiet-West. Dort die Färberstraße bis zum Ende durchfahren."

Schon während der Fahrt setzen einige Feuerwehrmänner Atemschutzmasken auf und hängen die Pressluftatmer auf den Rücken. Sie bilden die Angriffstrupps und werden das Feuer von innen bekämpfen.

Was ist ein Angriffstrupp?

Wann hat die Feuerwehr Vorfahrt?

Die Fahrzeuge kommen gut voran. Die meisten Autos fahren an den Straßenrand und lassen die Feuerwehrkolonne vorbei. Mit Blaulicht und Martinshorn hat die Feuerwehr auch Vorfahrt, wenn eine Ampel Rot zeigt. Nur so ist es möglich, dass die beiden Löschzüge schon drei Minuten und zehn Sekunden nach dem Alarm am Brandort eintreffen.

Was geschieht am Brandort?

Der Brandmeister ist ein erfahrener Feuerwehrmann. Er sieht sofort, was zu tun ist, und gibt seine Anweisungen. Schläuche werden ausgerollt und zusammengekoppelt. Die Pumpen des Löschfahrzeugs werden mit dem Hydranten (Wasseranschluss) verbunden. Dann werden die Schläuche für das Löschwasser am Löschfahrzeug angeschlossen. Die Drehleiter mit Korb wird ausgefahren. Zwei Männer stehen mit einem Schlauch im Korb. Ein anderer klettert auf den Tanklöschwagen und macht die Spritze bereit. Der Brandmeister sagt, wohin zuerst gespritzt werden muss, und ruft: „Wasser, marsch!“

Das Wasser schießt mit solchem Druck durch die Schläuche, dass zwei Feuerwehrmänner das „Spritzenrohr“ gut festhalten müssen. Gleichzeitig kämpfen sich die Angriffstrupps durch den Rauch in die Fabrik.

Eine Frau kommt zum Brandmeister gelaufen. „Im zweiten Stock sind noch Leute!“

„Sprungtuch!“, ruft der Brandmeister. Sofort holen

Wann wird das Sprungtuch oder Luftkissen gebraucht?

zwei Männer das Sprungtuch aus dem Fahrzeug. Zusammen mit mehreren anderen Männern halten sie es gut fest. Durch einen Sprung in das große Tuch können sich sechs Frauen retten.

Inzwischen haben sich die Angriffstrupps bis zum Brandherd vorgearbeitet und spritzen in die Flammen.

Nach sechzehn Minuten ist das Feuer gelöscht. Der Brandmeister meldet an die Einsatzzentrale: „Das Feuer ist unter Kontrolle. Es gibt keine Verletzten."

Die Männer packen alles wieder zusammen und

machen die Fahrzeuge für die Rückfahrt in die Feuerwache bereit.

Zwei Feuerwehrleute bleiben als Brandwache zurück. Sie überwachen die Feuerstelle noch eine Zeit lang, denn das Feuer könnte ja wieder aufflammen.

Was passiert nach einem Lösch-einsatz?

Auf der Feuerwache geht die Arbeit gleich weiter. Die nassen Schläuche kommen in die Schlauchwäscherei und werden anschließend zum Trocknen in den Schlauchturm gehängt. Aus dem Lager müssen saubere Schläuche geholt werden. Alle Geräte werden gereinigt und überprüft, damit sie beim nächsten Einsatz wieder funktionieren. Denn der nächste Einsatz kommt bestimmt. Das wissen die Männer der Feuerwache 1 genau.

Warum darf man die Feuerwehr nicht zum Spaß alarmieren?

Simon und Raphael sitzen auf einer Gartenmauer und langweilen sich.

„Was machen wir jetzt?“, fragt Raphael. Simon zieht die Schultern hoch. „Weiß nicht.“ „Sollen wir zu mir gehen und etwas spielen?“, fragt Raphael.

Dazu hat Simon keine Lust. „Gehen wir lieber zu mir und schauen uns eine Videokassette an.“

Weil ihnen nichts Besseres einfällt, kommt Raphael mit.

Auf dem Weg bleibt Simon plötzlich stehen. „Ich habe eine bessere Idee“, sagt er. „Siehst du den Feuermelder?“

Raphael nickt. „Was ist damit?“

„Ich möchte mal sehen, ob die Feuerwehr wirklich so schnell ist, wie sie immer behauptet.“

„Du willst …“ Raphael stockt. Simon grinst.

„Die Feuerwehr ausrücken lassen, das ist endlich mal was Tolles!“

„Du spinnst“, sagt Raphael. „Das ist doch verboten.“

„Pah!“, macht Simon. „Verboten ist viel. Man darf sich nur nicht erwischen lassen.“

„Da mache ich nicht mit“, sagt Raphael.

„Weil du ein Feigling bist.“

„Ich bin kein Feigling“, wehrt sich Raphael.

„Dann komm mit!“ Simon geht voraus zu dem Feuermelder.

Raphael geht ein paar Schritte hinterher. Dann bleibt er stehen. Beim Feuermelder schaut sich Simon um. Niemand ist zu sehen. „Los, komm schon!“, ruft er Raphael zu.

Aber Raphael rührt sich nicht von der Stelle.

„Feigling“, sagt Simon verächtlich und bückt sich nach einem Stein. Mit dem Stein in der Hand steht er vor dem Feuermelder.

„Das lässt du aber schön bleiben!“, sagt plötzlich eine Stimme. Simon fährt herum und sieht einen Mann. „Du wolltest doch die Scheibe des Feuermelders einschlagen“, sagt der Mann. „Hab ich Recht?“

„Ich … nein … ich …“, stottert Simon und lässt den Stein fallen.

„Du weißt doch bestimmt, dass das verboten ist“, sagt der Mann.

Simon nickt.

„Und weißt du auch, warum?“

Simon antwortet nicht.

„Dann will ich es dir sagen. Die Feuerwehrleute haben einen schweren Beruf. Sie müssen jederzeit

bereit sein, irgendwo zu helfen. Dabei setzen sie manchmal sogar ihr Leben für andere aufs Spiel. Deswegen haben sie es nicht verdient, dass man sie zum Narren hält. Und was noch viel wichtiger ist", redet der Mann weiter, „wenn du jetzt einfach so zum Spaß die Feuerwehr alarmierst, hinderst du sie vielleicht an einem wichtigen Einsatz. Es könnte ja sein, dass die Feuerwehr gerade in der Zeit gebraucht wird, wo sie hierher unterwegs ist. Damit du das wirklich begreifst, will ich dir noch etwas sagen: Letztes Jahr mussten in unserer Stadt drei Menschen lebendig verbrennen, weil zwei Betrunkene die Feuerwehr aus Jux alarmiert hatten. Die Zentrale musste einen Nachbarlöschzug losschicken, und der hatte einen fünf Minuten längeren Anfahrtsweg. Diese Verzögerung kostete einer ganzen Familie das Leben. Verstehst du jetzt, warum man die Feuerwehr nicht zum Spaß alarmieren darf?"

Simon nickt.

Was passiert bei einem Wohnungsbrand?

Bei einem Wohnungsbrand bringt die Feuerwehr als Erstes immer die Menschen in Sicherheit. Entweder werden sie über eine Drehleiter oder mit einem Luftkissen gerettet. Wenn sich die Feuerwehr davon überzeugt hat, dass niemand mehr im Haus ist, spritzt sie Wasser auf die Flammen. Dieses Wasser wird über Schläuche aus einem nahen See oder einem Bach gepumpt.

In Städten schließt die Feuerwehr ihre Schläuche meist an Hydranten an. Das sind Wasseranschlüsse, die speziell für die Feuerwehr eingerichtet wurden.

Was passiert bei einem Unfall?

Nach einem Unfall auf der Autobahn hat ein Zeuge die Feuerwehr über die Notrufnummer 112 alarmiert. Nun ist die Autobahn gesperrt.

Viele Feuerwehrleute sind im Einsatz: Die eingeklemmten Personen müssen schnell mit einer Rettungsschere befreit werden, damit sie vom Notarzt versorgt werden können. Der LKW wird aus der

Böschung gezogen. Weil der Tank des brennenden Autos explodieren könnte, müssen alle Personen in Sicherheit gebracht werden. Mit Schaum oder Pulver aus einem Feuerlöscher wird der Brand gelöscht.

Damit nachfolgende Fahrzeuge nicht ins Schleudern geraten, muss die Feuerwehr auch noch eine Ölspur beseitigen. Dafür benutzt sie ein besonderes Mittel, das das Öl bindet und aufsaugt.

Welche Aufgaben hat die Feuerwehr sonst noch?

Die Feuerwehr kümmert sich um in Not geratene Tiere. Sie ist aber auch bei Überschwemmungen zur Stelle, baut Dämme und hilft der Bevölkerung.

Was musst du beachten, wenn du die Feuerwehr rufst?

In einer Telefonzelle wählst du die Nummer 112, an einer Notrufsäule brauchst du nur den Hörer abzunehmen. Beantworte so ruhig und so deutlich wie möglich folgende Fragen:

- **W**as ist passiert?
- **W**o ist es passiert?
- **W**ie viele Verletzte?
- **W**elche Art der Verletzung?
- **W**er meldet den Notfall?

Warum habe ich Fieber?

Simon und Cordula waren zwei Stunden im Hallenbad. Und Simon wäre am liebsten noch länger im Wasser geblieben, obwohl er schon ganz blaue Lippen und runzlige Finger hatte.

Auf dem Heimweg bibbert Simon. Zu Hause spielt er noch Halma mit seiner Schwester. Doch er passt nicht auf wie sonst.

„Ich bin müde“, sagt er und legt sich aufs Sofa.

„Du hörst bloß auf, weil du verlierst“, meckert Cordula. „Das ist gemein!“

„Stimmt ja gar nicht“, widerspricht Simon und dreht sich um. Er ist zu müde zum Streiten.

Beim Abendbrot knabbert Simon an seinem Brot herum wie ein Mäuschen.

„Bist du krank?“, fragt Mama. Sie legt Simon die Hand auf die Stirn. „Hm, das fühlt sich wie Fieber an.“

Papa holt das Fieberthermometer und schmiert

die Spitze mit Salbe ein. „Leg dich mal aufs Sofa, und dreh dich zur Seite.“ Er zieht Simons Hose herunter und steckt das Thermometer vorsichtig in Simons Po. Simon spürt es kaum.

„Warum muss man Fieber im Popo messen?“, fragt Cordula.

Warum misst man Fieber im Po?

„Man muss es nicht“, erklärt Papa, „man kann auch im Mund oder unter dem Arm messen. Aber im Popo geht es am genauesten und am schnellsten, weil dabei im Körper gemessen wird.“

Simon hat 39,2° Fieber. Mama holt nasse Tücher und wickelt sie um Simons Beine.

„Iiii!“, ruft Simon. „Das ist kalt!“

„Warum machst du das?“, fragt Cordula. „Das sind Wadenwickel“, erklärt Mama. „Die ziehen Wärme aus Simons Körper und senken so das Fieber.“

Trotz der Wadenwickel steigt das Fieber weiter. Um halb neun hat Simon 39,8°. Da ruft Papa den Arzt an.

„Kommt der noch so spät?“, fragt Cordula.

Kommt der Kinderarzt auch nach Hause?

„Natürlich“, sagt Papa. „Der kommt auch mitten in der Nacht, wenn es sein muss. Auch wenn er schon geschlafen hat.“

„Wirklich?“

Papa nickt. „Wirklich!“

„Mitten in der Nacht aufstehen?“, überlegt Cordula. „Dann möchte ich kein Arzt sein.“

Dr. Lempp kommt und setzt sich neben Simon. „Dir geht es nicht so gut, höre ich. Wo tut's denn weh?"

„Im Kopf", murmelt Simon. „Und mir ist so heiß."

Wofür braucht der Arzt ein Stethoskop?

Dr. Lempp öffnet seine Tasche und nimmt das Stethoskop. „Damit höre ich, ob dein Herz richtig pumpt und ob die Lunge richtig atmet." Er hört Simon auf Brust und Rücken ab. „Jetzt mal tief einatmen."

Simon atmet so tief ein, dass ihm beinahe schwindlig wird.

„Das genügt", sagt Dr. Lempp. „Und jetzt noch husten."

Simon hustet kräftig.

„Gut." Dr. Lempp legt das Stethoskop weg und tastet Simons Bauch ab. An einer Stelle drückt er und fragt: „Tut das weh?"

„Nein."

„Der Blinddarm ist es nicht ... Sag mal A!"

„Aaaa", sagt Simon, „aaah", und dabei drückt Dr. Lempp Simons Zunge mit einem Spatel nach unten.

„Die Mandeln sind auch in Ordnung. Jetzt möchte ich noch in deine Ohren schauen." Er holt eine kleine Lampe und schiebt die Spitze in Simons Ohren. „So, das hätten wir", sagt Dr. Lempp. „Du hast eine fiebrige Erkältung. Sonst ist alles in Ordnung."

„Warum hab ich Fieber?", fragt Simon.

„Du hast dich erkältet oder bei jemandem angesteckt. Nun sitzen Krankheitskeime in deinem Körper. Das sind viele kleine Krankmacher. Und gegen die wehrt sich dein Körper. Er schickt seine Gesundheitspolizisten los. Das sind die weißen Blutkörperchen in deinem Blut. Die stürzen sich

Wie wehrt sich der Körper gegen Krankheitskeime?

jetzt alle auf die Krankmacher und kämpfen mit ihnen. Dabei geht es heiß her. Deswegen ist dir jetzt auch so heiß."

„Und wer gewinnt den Kampf?", fragt Simon ängstlich.

„Deine Gesundheitspolizisten", beruhigt ihn Dr. Lempp. „Bei einer normalen Erkältung sind die stärker. Und sollten sie es aus irgendeinem Grund doch nicht alleine schaffen, bekommst du ein Fieber senkendes Zäpfchen. Das hilft deinen Gesundheitspolizisten, die Krankmacher zu besiegen." Dr. Lempp streicht Simon über den Kopf. Dann dreht er sich zu Cordula um. „Und dir geht es gut?", fragt er sie.

Cordula nickt.

„Ein Patient in der Familie genügt ja auch."

Warum heißt der Blinddarm Blinddarm?

Adrian war im Krankenhaus. Sein Blinddarm wurde herausoperiert. Jetzt ist er wieder in der Schule. Die Mädchen und Jungen seiner Klasse wollen wissen, wie alles war.

„Zuerst hatte ich Bauchschmerzen", erzählt Adrian. „Dann bekam ich auch noch Fieber, und dann musste ich ein paar Mal spucken. Und die Schmerzen im Bauch sind immer stärker geworden. Es war so schlimm, dass ich es kaum aushalten konnte. Da ist meine Mama mit mir ins Krankenhaus gefahren. Der Doktor hat mir auf dem Bauch herumgedrückt, das hat furchtbar wehgetan. Er hat gesagt, es sei schon höchste Eisenbahn."

„Warum?", will Theo wissen.

„Weil mein Blinddarm sonst vielleicht geplatzt

wäre“, antwortet Adrian. „Und das ist lebensgefährlich, hat der Doktor gesagt.“

„Warum?“

Warum ist es gefährlich, wenn der Blinddarm platzt?

„Weil dann die ganzen Bakterien im Bauch herumschwimmen, und daran kann man sterben.“

„Aber du warst ja zum Glück rechtzeitig im Krankenhaus“, sagt die Lehrerin. „Wie ging es denn da weiter?“

„Also, ich habe gleich eine Spritze in den Po bekommen und dann noch eine, und dann weiß ich nichts mehr.“

„Warum nicht?“, fragt Anja.

„Das war Narkosose!“, ruft Patrick.

Was ist eine Narkose?

Die Lehrerin muss lachen. „Narkose heißt das. Man kann auch Betäubung dazu sagen. Adrian wurde betäubt, damit er bei der Operation keine Schmerzen spürte.“ Sie nickt Adrian zu.

„Als ich aufgewacht bin“, erzählt der weiter, „hatte ich einen Verband um den Bauch. Und wenn ich aufgestanden bin oder gelacht habe, hat es gezwickt.“

„Warum heißt denn der Blinddarm Blinddarm?“, fragt Patrick. „Sieht der nichts?“

Die Kinder lachen, die Lehrerin schmunzelt. „Der sieht nichts, da hast du Recht. Aber deshalb heißt er nicht so. Man nennt ihn Blinddarm, weil er keine Aufgabe mehr hat. Er ist einfach nur da. Genauer kann ich das nicht erklären, ich bin ja keine Ärztin.

Aber eines weiß ich genau: Das Wort Blinddarmentzündung ist eigentlich ganz falsch. Am Blinddarm hängt ein kleines Stückchen Darm, das aussieht wie ein Wurm. Die Ärzte nennen dieses Stück Wurmfortsatz. Und dieser Wurmfortsatz kann sich entzünden."

„Dann war das ja eine Wurmfortsatzoperation", sagt Adrian. „Komisches Wort."

„Aber es stimmt", sagt die Lehrerin.

„Wie war es denn sonst im Krankenhaus?", fragt Anja.

„Och, ganz schön. Der Doktor und die Schwestern waren lustig. Und Robin auch. Der lag im Bett neben mir. Blöd war nur, dass er nicht aufstehen konnte."

„Und wenn ..." Jens kichert. „Und wenn er mal gemusst hat?" Wieder kichert er. „Hat er dann ins Bett gemacht?"

Jetzt kichert und tuschelt die ganze Klasse. Adrian erklärt es: „Eine Schwester hat eine Schüssel unter seinen Po geschoben, und wenn er fertig war, hat sie ihm den Po geputzt und alles mitgenommen."

Was passiert, wenn man krank ist und nicht zur Toilette gehen kann?

Wieder wird gekichert und getuschelt.

„Und zum Pinkeln hat man eine Flasche im Schränkchen neben dem Bett. Zu der sagen die Schwestern Ente."

Jetzt lacht die ganze Klasse.

„Lässt du uns mal sehen, wo man dich operiert hat?“, fragt Marc.

„Au ja!“, rufen die andern.

Adrian steht auf und schiebt die Hose runter, bis auf der rechten Seite ganz unten am Bauch eine Narbe zum Vorschein kommt. Sie ist ungefähr vier Zentimeter lang.

Alle Kinder drängeln sich um Adrian herum. Und man sieht ihm an, dass er ziemlich stolz auf seine Narbe ist.

Warum darf man nicht alle Kranken besuchen?

Warum darf man nicht alle Kranken besuchen?

Zuerst hatte Daniela Schnupfen und Husten, dann bekam sie Fieber, und plötzlich sind in ihrem Gesicht und hinter den Ohren viele rote Flecken.

„Das sind Masern“, sagt Mama und steckt Daniela ins Bett.

Am Nachmittag kommt der Hausarzt und untersucht Daniela. „Du bleibst am besten ein paar Tage im Bett“, sagt er. „Ich schreibe eine Medizin auf, die deine Mama dir in der Apotheke holt. Davon nimmst du morgens, mittags und abends zehn Tropfen.“

Warum darf man nicht zu viel Medizin einnehmen?

„Kann ich nicht die ganze Medizin auf einmal nehmen?“, fragt Daniela. „Dann werde ich doch schneller wieder gesund.“

„Oh nein“, sagt der Arzt. „Dann würdest du noch viel kränker. Medizin hilft nämlich nur, wenn man sie in der richtigen Menge einnimmt. Wenn man zu viel auf einmal davon schluckt, kann das sehr gefährlich werden; man kann sogar daran sterben. Deswegen sagt der Arzt immer genau, wie viel man nehmen soll. Verstehst du?“

Daniela nickt.

Zwei Tage später geht es ihr schon ein wenig besser. „Mama, mir ist langweilig“, klagt sie. „Machen wir ein Spiel?“

„Ich hab eigentlich keine Zeit zum Spielen“, sagt Mama.

„Dann soll Rebekka zu mir kommen.“

„Das darf sie leider nicht.“

„Warum nicht?“, will Daniela wissen.

Warum sind Masern ansteckend?

„Weil Masern ansteckend sind“, antwortet Mama.

„Wie ansteckend?“

„Wenn du hustest oder niesen musst, fliegen jedes Mal viele Bazillen und Viren mit heraus. Das sind winzige Krankmacher. Die sieht man zwar nicht, aber die fliegen im ganzen Zimmer herum.“

„Ich huste und niese bestimmt nicht, und ich fasse Rebekka auch nicht an“, verspricht Daniela. „Dann kann ich sie doch nicht anstecken.“

Mama lächelt. „So einfach ist das leider nicht. Masern sind nämlich noch viel ansteckender als andere Kinderkrankheiten. Selbst wenn du Rebekka nicht berühren würdest und auch nicht husten und niesen müsstest, bekäme sie Masern. Denn sogar beim Lachen und Sprechen können die gefährlichen Viren herausfliegen. Und wer dich besucht, atmet die Masernviren ein. Dagegen kann man nichts tun.“

„Aber du bist doch auch bei mir.“

„Mich kannst du nicht mehr anstecken“, erklärt Mama. „Ich habe als Kind schon Masern gehabt. Und wer einmal Masern hatte, kann nie mehr welche bekommen.“

„Wenn Rebekka mich nicht besuchen darf, dann musst du jetzt meine Freundin sein und mit mir spielen.“

„Na gut“, sagt Mama, „dann bin ich jetzt deine Freundin.“

Was macht der Arzt, wenn er dich untersucht?

Je nachdem, ob du Schmerzen oder Fieber hast, wird der Arzt dich auf unterschiedliche Arten untersuchen. Bei Erkältungen, Husten und Schnupfen wird er vielleicht deine Lunge abhören. Wenn du Halsschmerzen hast, schaut er in deinen Hals und guckt nach, ob dieser entzündet ist. Bei Ohrenschmerzen benutzt er ein spezielles Gerät, um in deine Ohren hineinzuleuchten.

Fühlst du dich dagegen schlapp und müde, kann es sein, dass dir der Arzt Blut abnimmt. Durch das Mikroskop kann man sehen, ob dem Blut wichtige Stoffe fehlen.

Was passiert in einem Krankenhaus?

Wenn du krank bist und ins Krankenhaus musst, wirst du wahrscheinlich ein paar Tage dort bleiben. Weil es viele Patienten gibt, die betreut werden müssen, verläuft jeder Tag nach einem genauen Plan. Morgens wirst du geweckt und gewaschen. Danach gibt es Frühstück. Im Anschluss daran ist die Visite, das bedeutet, die Ärzte gehen durch die Zimmer und schauen, wie es den Patienten geht. Nach dem Mittagessen ist oft Mittagsruhe. Am Nachmittag können dann deine Eltern oder Freunde zu Besuch kommen und erzählen, was zu Hause oder in der

Schule passiert ist. Meistens gibt es Kaffee, Tee und Kuchen.

Später findet die zweite Visite statt. Da haben dann deine Eltern die Möglichkeit, dem Arzt Fragen zu stellen. Nach dem Abendessen und einem letzten Rundgang der Krankenschwestern und -pfleger ist Bettruhe.

Wenn es dir besser geht und du aufstehen darfst, kannst du dich mit anderen Kindern in einem Spiel- oder Bastelraum treffen. Manche Krankenhäuser haben auch eine kleine Bücherei. Dort kann man sich CDs und Bücher ausleihen.

Warum wackelt der Zahn?

Viola liegt noch im Bett und döst vor sich hin. Plötzlich spürt sie etwas Seltsames in ihrem Mund und ist sofort hellwach. Sie drückt mit der Zunge leicht dagegen. Sie tastet mit dem Finger vorsichtig danach. Dann springt sie aus dem Bett und ruft durch die Wohnung: „Mama! Papa! Mein Zahn wackelt!"

„Wirklich?", fragt Mama. „Lass mal sehen."

Viola reißt den Mund auf und lässt den Zahn mit der Zunge leicht wackeln.

„Tatsächlich", sagt Papa. „Er wackelt."

„Kannst du ihn wieder festmachen?", fragt Viola.

Papa lacht. „Nein, das kann ich nicht."

„Warum nicht?"

Warum müssen die Milchzähne heraus-fallen?

„Weil die Milchzähne rausmüssen, damit die richtigen Zähne Platz haben", antwortet Papa.

„Unter deinen Milchzähnen wachsen schon die richtigen Zähne", erklärt Mama. „Du bist jetzt sechseinhalb. In diesem Alter fallen die ersten Milchzähne aus. Das ist ganz normal."

Während Mama redet, stößt Violas Zunge immer wieder gegen den Wackelzahn. Viola will das gar nicht, aber die Zunge tut es trotzdem.

„Ich kann das Wackeln nicht leiden", sagt sie.

„Dann gibt's nur eins", meint Papa. „Der Zahn muss raus! Du musst zum Zahnarzt."

Viola schüttelt energisch den Kopf. „Nein, zum Zahnarzt geh ich nicht!"

„Warum denn nicht?", möchte Mama wissen.

„Weil ... weil ...", stottert Viola, „... weil ich nicht will."

„Aha", sagt Papa. „Jetzt ist alles klar. Du hast einfach Angst vor dem Zahnarzt. Dabei reißt er keinem den Kopf ab, sondern höchstens mal einen Zahn aus. Natürlich ist es nicht besonders angenehm, wenn einem der Zahnarzt im Mund herumwerkelt. Aber schlechte Zähne und Zahnschmerzen sind noch viel unangenehmer. Seitdem mich ein Zahnarzt mal von rasenden Zahnschmerzen befreit hat, schätze ich diesen Beruf sehr."

„Ich geh trotzdem nicht zu ihm!"

„Dann musst du den Zahn entweder selber ziehen oder warten, bis er von allein rausfällt", sagt Papa.

„Wie soll ich ihn denn selber ziehen?", fragt Viola.

„Früher hat man die Zähne ganz einfach gezogen",

erzählt Mama. „Ein Faden wurde um den Zahn gebunden und mit dem anderen Ende an einer Türklinke festgemacht. Dann zog jemand rasch die Tür auf, und durch das ruckartige Spannen des Fadens wurde der Zahn herausgerissen.“

Viola verzieht das Gesicht, weil sie sich das ziemlich schlimm vorstellt. „Das mach ich nicht. Dann warte ich lieber, bis der Zahn von allein rausfällt.“

„Das dauert bestimmt nicht länger als drei, vier Tage“, meint Mama. „Und wenn du immer kräftig dran wackelst, geht's noch schneller.“

Viola wackelt an dem Zahn wie eine Weltmeisterin.

Und nach zwei Tagen kommt sie strahlend nach Hause gelaufen. „Mama! Papa! Ich hab ihn!“ Stolz zeigt sie den Eltern ihren ersten ausgefallenen Milchzahn.

„Den heben wir auf“, sagt Mama. „Der ist eine schöne Erinnerung.“ Dann legt sie den Zahn in eine kleine Glasdose. Die stellt Viola stolz in ihr Regal.

Warum gibt es Bohrer?

Dorina schaukelt mit ihrer Freundin Miriam in der Hängematte im Garten. Da kommt Mama und sagt: „Wir müssen gleich los zur Zahnärztin. Du musst vorher noch die Zähne putzen."

Zahnärztin! An die hat Dorina gar nicht mehr gedacht. Eigentlich hat Dorina keine Angst, aber ein bisschen mulmig ist ihr schon. Sie würde lieber zu Hause bleiben.

„Soll ich mitkommen?", fragt Miriam.

Das möchte Dorina nicht. Sie geht ins Bad und putzt ihre Zähne besonders gründlich. Dann holt sie ihren Elefanten aus dem Bett.

„Willst du Bimbo mitnehmen?", fragt Mama.

Dorina nickt nur. Auch auf dem Weg zur Praxis ist Dorina ungewöhnlich still.

In der Praxis fragt eine Zahnarzthelferin: „Bist du zum ersten Mal bei uns?"

Dorina nickt.

Die Zahnarzthelferin schaut auf ihren Plan und sagt: „Du musst noch ein bisschen warten. Setz dich doch mit deiner Mama solange noch ins Wartezimmer."

Im Wartezimmer sitzt schon ein Mann. Er liest in einer Zeitschrift.

„Hier riecht es überall so komisch", sagt Dorina leise.

„So riecht es bei Zahnärzten immer."

„Mir wird gleich schlecht", flüstert Dorina.

Mama schaut Dorina an. Dann öffnet sie ein Fenster und sagt: „Stell dich mal hier hin, und atme frische Luft ein. Das hilft bestimmt."

Das tut Dorina, aber das flaue Gefühl im Magen verschwindet nicht. „Ich möchte nach Hause", sagt sie. „Der Zahn tut auch gar nicht mehr weh."

Mama nimmt Dorina auf den Schoß. „Ich versteh dich ja. Mir ist auch immer ein bisschen mulmig, wenn ich hier im Wartezimmer sitze. Aber wenn wir jetzt gehen würden, müssten wir vielleicht schon morgen oder übermorgen wiederkommen."

Dorina weiß das. Trotzdem möchte sie jetzt lieber gehen. Aber da wird sie schon aufgerufen. Jetzt ist es zu spät. Mit Mama an der Hand und Bimbo unter dem Arm geht Dorina ins Sprechzimmer.

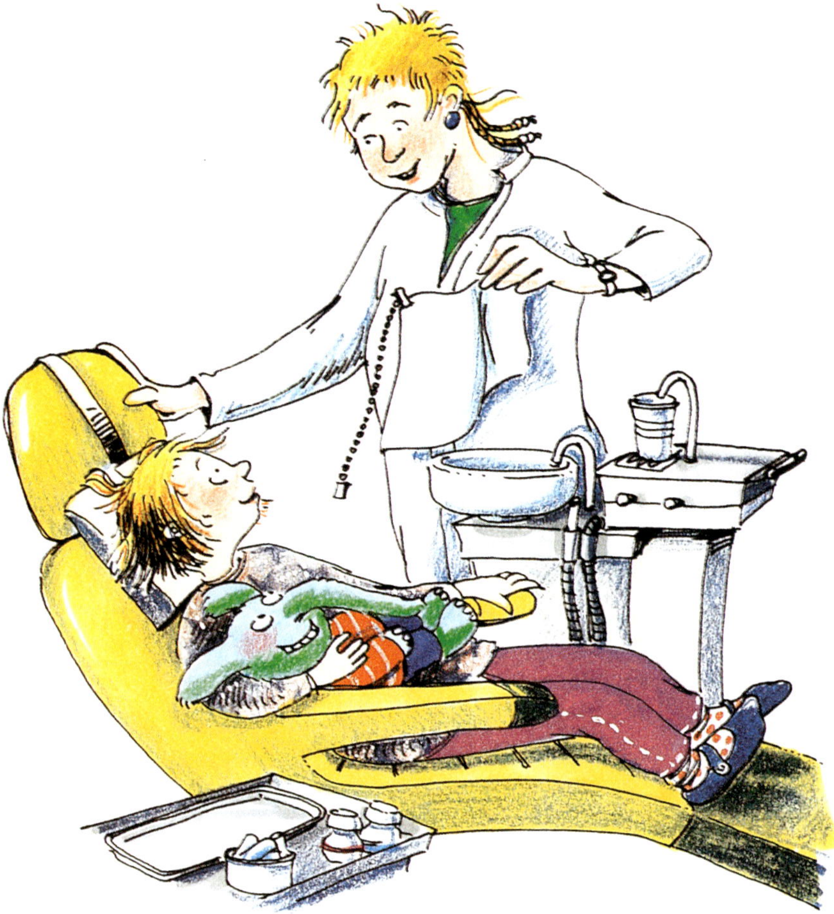

„Du darfst dich auf den tollen Stuhl setzen“, sagt die Zahnarzthelferin.

Dorina setzt sich auf den Behandlungsstuhl.

„Jetzt pass mal auf!“ Die Zahnarzthelferin lässt den Stuhl rauf- und runterfahren. Das gefällt Dorina.

Die Zahnarzthelferin bindet ihr eine Serviette um den Hals. Dann kommt Frau Dr. Lange herein und begrüßt Dorina und Mama.

„Das ist aber ein schöner Elefant“, sagt sie zu Dorina. „Der ist bestimmt sehr stark.“

Dorina nickt.

„Dann muss ich natürlich besonders gut aufpassen, dass ich dir nicht wehtue. Sonst packt mich dein Elefant noch mit seinem langen Rüssel.“

„Bimbo ist ganz lieb“, sagt Dorina.

„Na, da bin ich ja beruhigt.“ Frau Dr. Lange zwinkert. „Aber ich passe trotzdem gut auf.“ Sie nimmt den Mundspiegel und ein spitzes Häkchen. „Mit dem Mundspiegel kann ich auch die Innenseite deiner Zähne sehen. Dieses Häkchen nennt man Sonde“, erklärt Frau Dr. Lange. „Damit kann ich feststellen, ob die Schutzschicht deiner Zähne hart genug ist.“ Dann stellt sie die Lampe so ein, dass das Licht genau auf Dorinas Mund fällt und sie besser sehen kann. „So, nun will ich mir deine Zähne mal anschauen.“

Was macht der Zahnarzt mit einem Mundspiegel?

Was ist eine Sonde?

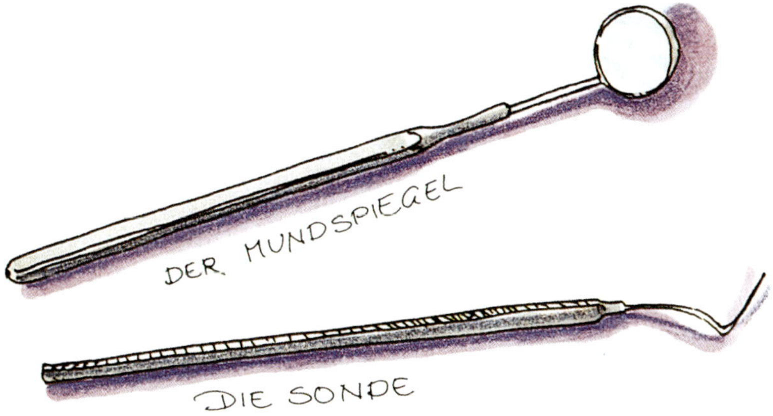

Wie sieht ein Bohrer aus?

Dorina sperrt den Mund auf. Frau Dr. Lange schaut jeden Zahn genau an. Da und dort kratzt sie ein wenig mit der Sonde. „Das sieht recht gut aus“, sagt sie. „Bis auf ein kleines Loch im Backenzahn hast du schöne und gesunde Zähne. Wenn wir das Loch zumachen, ist alles wieder in Ordnung.“

Dorina weiß, was das bedeutet: Bohren! Sie greift nach Mamas Hand. Warum gibt es nur die dummen Bohrer?, denkt sie.

„Schau mal, Dorina, das hier ist der Bohrer.“ Frau Dr. Lange zeigt Dorina einen kleinen silbernen Stift. „Wenn ich mit dem Fuß auf einen Schalter drücke, dreht sich der Bohrer. Siehst du?“

Dorina nickt.

„Wenn du den Bohrer mit dem Finger berührst, kitzelt es ein bisschen“, sagt Frau Dr. Lange. „Versuch's mal.“

Zögernd streckt Dorina den Finger aus. Tatsächlich, es kitzelt und tut überhaupt nicht weh.

„Das Loch in deinem Zahn ist noch so klein, dass das Bohren bestimmt nicht wehtun wird“, sagt Frau Dr. Lange. „Ich muss dir nicht mal eine Spritze geben. Aber wenn ich dich spritzen müsste, wäre das auch nicht schlimm. Du weißt ja: Das pikst nur kurz, wie wenn dich jemand zwickt.“

Die Zahnarzthelferin hat ein Röhrchen in der Hand.

„Das ist der Speichelsauger“, erklärt Frau Dr. Lange. „Damit saugt Frau Roth deine Spucke weg. Sonst sehe ich ja nicht, wo ich bohren muss.“

Dann geht’s los. Der Bohrer surrt leise, der Speichelsauger röchelt. Dorina sitzt ganz steif im Stuhl und drückt Bimbo fest an sich. Sie spürt den

Was ist ein Speichelsauger?

Bohrer und den Speichelsauger, sieht das Gesicht von Frau Dr. Lange, dreht die Augen, um nach Mama zu schauen, wartet darauf, dass irgendwas passiert ...

„Gleich haben wir's", sagt Frau Dr. Lange. „Nur noch ein kleines Fitzelchen." Es rumpelt noch einmal kurz. „Schon fertig. Na, das war doch halb so schlimm, oder?"

Dorina nickt. Es war zwar nicht gerade angenehm mit Bohrer und Speichelsauger im Mund. Aber schlimm war's wirklich nicht.

Wozu wird der Luftbläser gebraucht?

Frau Dr. Lange nimmt den Luftbläser. „Nun muss ich das Loch noch trockenpusten, damit die Füllung auch richtig hält."

Dorina zuckt zusammen, weil es im Zahn zieht. Aber das ist sofort wieder vorbei.

„Jetzt darfst du deine Zunge nicht mehr bewegen, damit das Loch trocken bleibt, bis es gefüllt ist", sagt

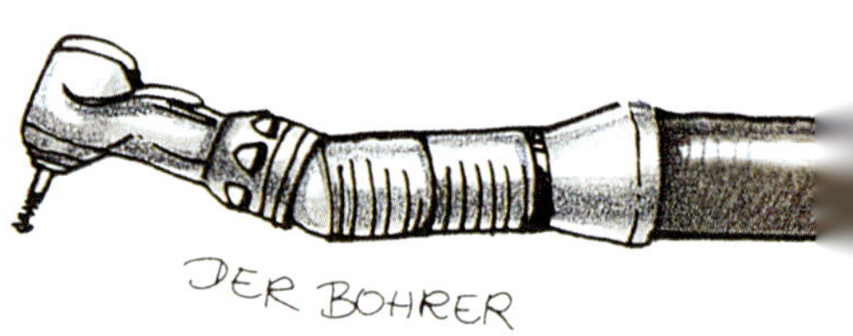

Frau Dr. Lange. Sie legt weiße Watteröllchen vor und hinter den Zahn.

Frau Roth, die Zahnarzthelferin, hat inzwischen auf einer kleinen Glasplatte die Unterfüllung vorbereitet. Mit einem Metallstäbchen, dem Spatel, verteilt Frau Dr. Lange die weiße Masse im Loch. Auf die Unterfüllung streicht sie mit einem winzigen Pinsel

Wie wird ein Loch gefüllt?

Was ist ein Spatel?

eine Flüssigkeit, damit die Zahnfüllung besser hält. Diese drückt sie mit Spatel und Stopfer in das Loch. Dann legt Frau Dr. Lange ein blaues Plättchen auf den Zahn, und Dorina muss kräftig zubeißen. An zwei Stellen ist die neue Füllung ein wenig zu hoch.

„Die muss ich noch schnell abschleifen“, erklärt Frau Dr. Lange.

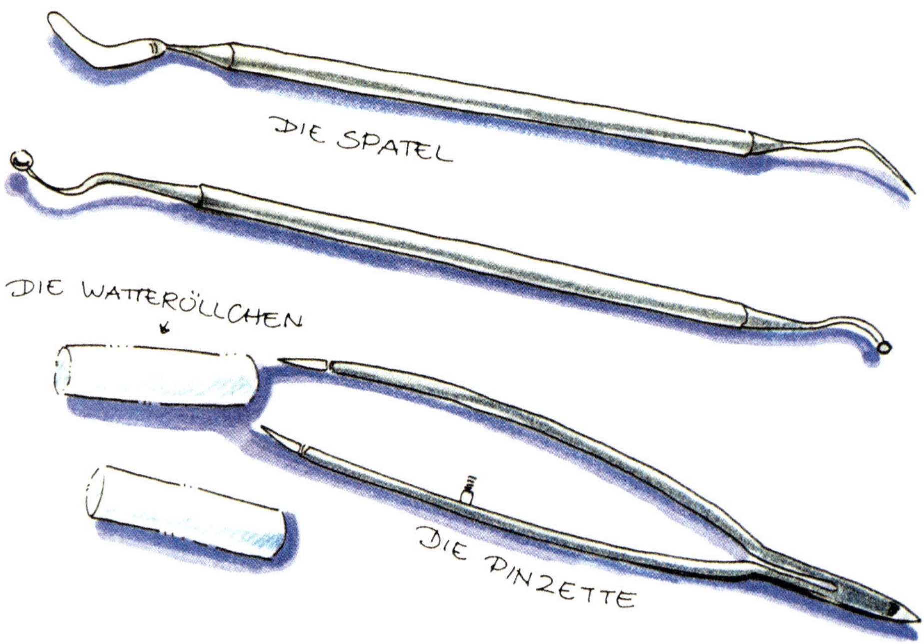

Das geht ruck, zuck und tut kein bisschen weh. Dorina muss noch einmal zubeißen. Alles passt.

„So, jetzt sind wir fertig. Du kannst den Mund ausspülen.“ Frau Dr. Lange lächelt. „Ich muss dich wirklich loben. Du warst tapfer und hast ganz toll mitgemacht."

Dorina freut sich. „Es war auch gar nicht so schlimm, wie ich gedacht habe", sagt sie strahlend.

Warum kann Opa ohne Zähne schlafen?

Am Samstag dürfen Carola und ihr Bruder Steffen bei Oma und Opa schlafen. Darauf freuen sie sich, denn bei Oma und Opa dürfen sie am Abend noch fernsehen.

„So, jetzt reicht's für heute", sagt Oma. Sie geht mit Carola und Steffen ins Bad. „Vor dem Schlafen, nach dem Essen, Zähne putzen nicht vergessen", reimt sie.

Bei Steffen geht das ziemlich schnell. Oma schüttelt den Kopf. „Das war viel zu kurz. Deine Zähne sind noch gar nicht richtig sauber."

„Aber ich bin doch sooo müde", sagt Steffen. „Wer so lange fernsehen kann, kann auch die Zähne richtig putzen", entgegnet Oma.

Murrend putzt Steffen nochmal ein bisschen.

„Na ja“, sagt Oma. „Für heute wollen wir's mal gut sein lassen. Aber morgen Früh musst du die Zähne gründlich putzen.“

Am Sonntagmorgen wacht Steffen als Erster auf. Er bleibt noch eine Weile im Bett liegen und träumt vor sich hin. Dann weckt er seine Schwester. „Mir ist langweilig. Und ich hab Hunger.“

„Dann hol dir was zu essen, und lass mich schlafen“, brummt Carola.

Steffen kriecht aus dem Bett und watschelt in die Küche.

„Wer schleicht denn schon so früh durchs Haus?“, ruft Oma aus dem Schlafzimmer.

Steffen schiebt die Schlafzimmertür auf und guckt hinein. Opa ist auch schon wach.

„Du bist ja ein richtiger Frühaufsteher“, sagt er zu Steffen.

Seine Stimme klingt ganz komisch, gar nicht nach Opa, findet Steffen.

„Opa!“, ruft Steffen plötzlich. „Du hast ja gar keine Zähne mehr!“

„Natürlich hab ich Zähne.“ Opa schmunzelt. „Nur nicht im Mund.“

„Wo ... wo ... wo sind sie denn?“, stottert Steffen.

„Im Bad“, antwortet Opa.

„Ohne dich?“

Opa lacht. „Ohne mich. Ich hab nämlich ganz

moderne Zähne. Die bleiben allein im Bad, wenn ich ins Bett gehe."

Steffen weiß nicht mehr, was er sagen soll. Er steht nur da und starrt seinen Opa an.

„Dein Opa hat ein Gebiss", sagt Oma. „Das nimmt er am Abend heraus und legt es in ein Glas Wasser mit einem Säuberungsmittel. So wird es schön sauber, und verlieren kann er es in der Nacht auch nicht."

Warum legt man ein Gebiss über Nacht ins Wasserglas?

„Willst du mein Gebiss mal sehen?", fragt Opa.

Steffen weiß nicht recht. Er möchte schon, aber irgendwie ist ihm die Sache ein wenig unheimlich.

Opa steigt aus dem Bett und nimmt Steffen an der Hand. „Komm mal mit!"

An der Badezimmertür bleibt Steffen stehen. „Hier

ist es“, sagt Opa und streckt Steffen sein Gebiss entgegen. Der weicht zurück.

„Keine Angst, es beißt nicht. Jedenfalls nicht ohne mich.“ Opa hält das Gebiss unter den Wasserhahn und spült es ab. Dann schiebt er es in den Mund. Erst den oberen Teil, dann den unteren. Jetzt sieht er wieder richtig wie Opa aus.

„Warum kannst du deine Zähne aus dem Mund nehmen?“, möchte Steffen wissen.

„Weil das keine echten, sondern künstliche Zähne sind. Meine richtigen Zähne habe ich alle verloren“, antwortet Opa.

„Ja, früher hat dein Opa seine Zähne nicht gründlich genug geputzt“, sagt Oma, die auf einmal hinter Steffen steht. „Deshalb sind sie krank geworden, und der Zahnarzt musste sie ziehen.“

„Aber nicht alle“, widerspricht Opa. „Die meisten Zähne habe ich erst später verloren.“ Er zeigt auf seine Glatze. „Weißt du, Steffen, wenn man alt wird, fallen einem langsam die Haare und Zähne aus.“

Warum fallen die Zähne aus, wenn man alt ist?

„Und warum sind keine neuen Zähne mehr gewachsen?“

„Zähne wachsen nur zweimal im Leben“, antwortet Oma. „Zuerst die Milchzähne und dann die richtigen Zähne. Deswegen muss man seine Zähne immer gut putzen. Denn wenn die zweiten Zähne erst einmal kaputt sind, dann ist nicht mehr viel zu machen.“

„Warum hast du deine Zähne nicht sauber geputzt?“, möchte Steffen von Opa wissen.

„Tja, weißt du, früher hat man darauf noch nicht so geachtet wie heute“, erzählt Opa. „Als ich so alt war wie du, hatte ich nicht mal eine eigene Zahnbürste. Damals waren wir sehr arm. Meine Eltern hatten Mühe, uns Kinder alle satt zu bekommen.

Warum war es früher schwierig, die Zähne sauber zu halten?

Besonders im Krieg und in den Jahren danach. Unsere Zähne waren da nicht so wichtig. Es gab auch nicht so viele Zahnärzte und gute technische Mittel wie heute. Und wenn man zu einem Zahnarzt ging, war es oft schon zu spät. Dann konnte er den Zahn meist nur noch ziehen."

„Siehst du", sagt Oma zu Steffen, „deswegen ist es so wichtig, dass du die Zähne gründlich putzt."

„So ein Gebiss hat aber auch seine Vorteile", sagt Opa. „Mir tut jedenfalls kein Zahn mehr weh."

„Auch nicht, wenn du viele Gummibärchen und Schokolade isst?", fragt Steffen.

„Auch dann nicht."

„Dann möchte ich vielleicht auch so ein Gebiss“, meint Steffen. Aber ganz sicher ist er sich noch nicht. Darüber muss er erst in Ruhe nachdenken.

Wie bleiben die Zähne gesund?

Die Zähne und das Zahnfleisch bleiben länger gesund, wenn du regelmäßig Milch trinkst und viel frisches Gemüse, Obst, Müsli, Salate, Jogurt, Käse und Vollkornbrot isst. Zucker dagegen ist schädlich für die Zähne. Deshalb solltest du nicht zu viel Süßigkeiten, Torten oder Eis essen. All diese Dinge greifen den Zahnschmelz an, und es kann sein, dass du Karies bekommst.

Manche Süßigkeiten gibt es mit weniger Zucker, andere werden mit einem Zuckerersatzstoff gesüßt. Vielleicht entdeckst du im Supermarkt Produkte mit dem Zeichen für „zahnfreundlich“: Ein Zahn mit einem Regenschirm. Daran erkennst du, dass diese Lebensmittel ohne Zucker hergestellt wurden.

Wie sieht es in deinem Mund aus?

An einem Kunststoffgebiss kann dir der Zahnarzt oder ein Lehrer genau zeigen, dass erwachsene Menschen im Normalfall 28 bis 32 Zähne haben. Das Milchgebiss von Kindern dagegen hat oben und unten je zehn Zähne. Die ersten bleibenden Zähne wachsen zwischen dem 5. und 7. Lebensjahr.

Es gibt unterschiedliche Arten von Zähnen. Die vorderen mittleren vier Zähne, die eine gerade Beißfläche haben, heißen Schneidezähne. Mit ihnen kann man zum Beispiel von einem Brot abbeißen. Gleich daneben ist auf jeder Seite ein Eckzahn. Er zerkleinert die Nahrung. Eckzähne sind spitz zulaufend und können dadurch gut von den Backenzähnen unterschieden werden, die mehrere Höcker haben. Auf jeder Seite sind fünf Backenzähne. Mit ihnen zermahlen wir die Nahrung.

Wie putzt du am besten deine Zähne?

Du führst mit deiner Zahnbürste an den Außenseiten kleine Kreisbewegungen aus und arbeitest dich so von hinten nach vorn. Danach kommen die Innenseiten der Zähne dran. Zum Schluss polierst du noch die Kauflächen.

Wie ist die Erde entstanden?

In der kleinen Pause stöbert Lisa im Bücherregal der Klassenbücherei. Sie nimmt ein paar Bücher heraus, blättert darin und stellt alle wieder zurück. Bis auf ein ziemlich dickes Buch. Das interessiert sie. Lisa schlägt es auf und liest:

„Am Anfang schuf Gott Himmel und Erde. Die Erde aber war wüst und leer. Finsternis lag über allem. Da sprach Gott: ‚Es werde Licht.' Und es wurde Licht."

„Was ist das für ein Buch?", fragt plötzlich jemand.

Lisa hebt den Kopf und sieht Hannes. „Die Kinderbibel", antwortet sie.

„Die ist doch langweilig", mault Hannes. „Ich lese lieber Comics, die sind viel spannender."

Lisa sagt nichts mehr und liest weiter. Bis Frau Roller, die Lehrerin, zur nächsten Stunde kommt.

Lisa meldet sich sofort: „Frau Roller, in der Kinderbibel steht, dass Gott Himmel und Erde, Tag und Nacht und überhaupt alles gemacht hat. Stimmt das?"

„Das ist eine der schwierigsten Fragen überhaupt", beginnt Frau Roller. „Denn niemand weiß genau, wie die Erde entstanden ist. Aber zu allen Zeiten hat diese Frage die Menschen beschäftigt. So wie dich. Deshalb versuchten sie, Antworten zu finden. Eine Antwort war, dass es einen Gott gibt, der alles erschaffen hat. So wie es in der Bibel steht."

„Mein Papa hat gesagt, in der Bibel stehen nur Märchen", ruft Hannes.

„So kann man das nicht sagen", widerspricht Frau Roller. „In der Bibel stehen zwar Geschichten, die

Hat Gott die Erde erschaffen?

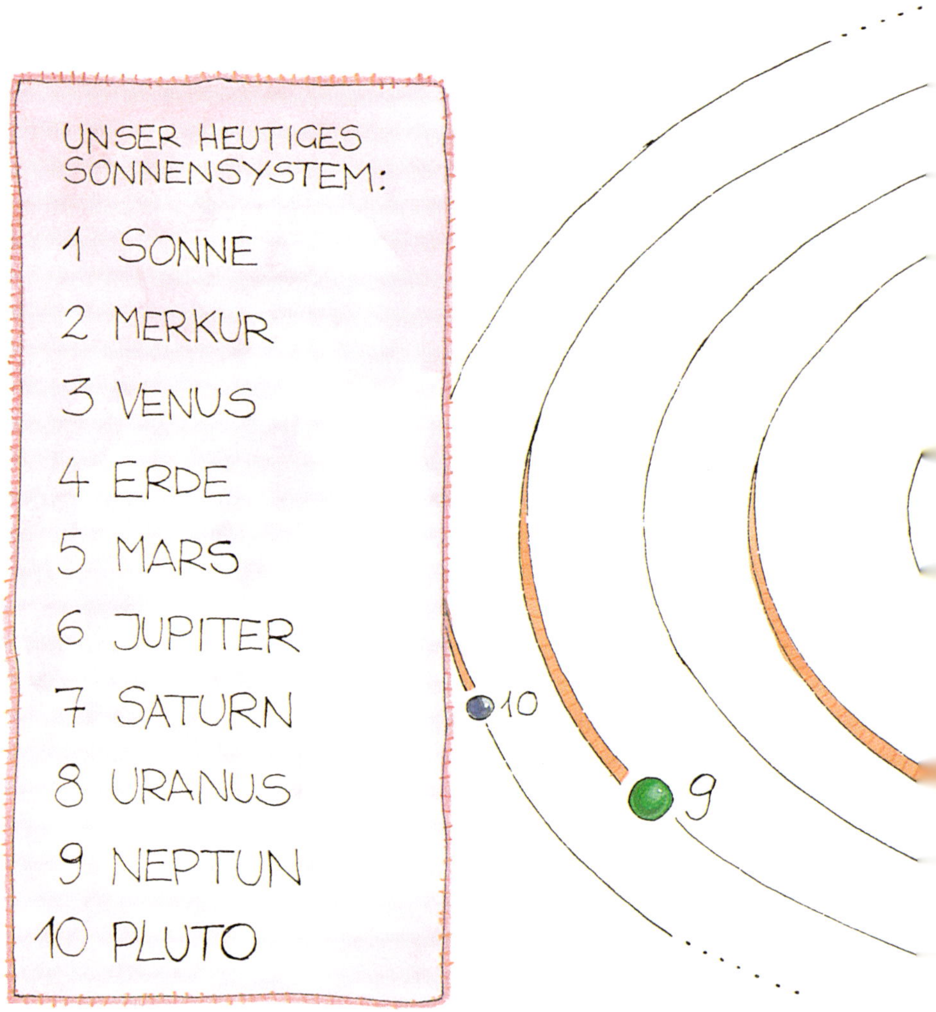

für uns manchmal unwahrscheinlich oder komisch klingen. Aber das sind keine Märchen. Es sind Geschichten, die sich die Menschen vor langer Zeit erzählten. So wie die Schöpfungsgeschichte. Weil die Menschen nicht wussten, wie die Erde und alles

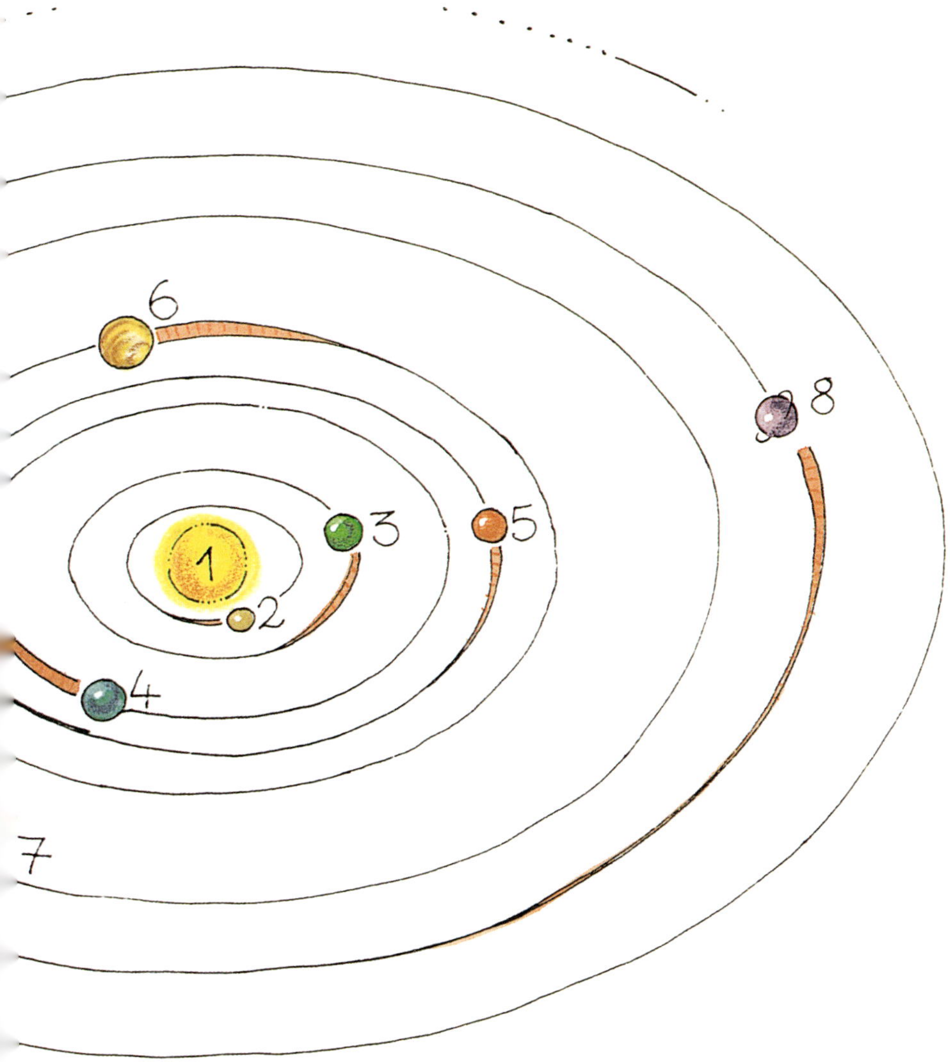

andere entstanden ist, stellten sie sich vor, wie alles entstanden sein könnte."

„Ich habe in einem Buch gelesen", mischt sich jetzt Martin ein, „dass die Erde und die anderen Planeten aus Staub und Gas entstanden sind."

„Aus Staub und Gas?“ Hannes schüttelt den Kopf. „Glaub ich nicht.“

Frau Roller geht zum Bücherregal und holt ein Lexikon.

„Jetzt wollen wir mal sehen, ob wir hier eine Antwort finden.“

Was meinen Wissenschaftler, wie die Erde entstanden sein könnte?

Sie sucht im Inhaltsverzeichnis, schlägt die richtige Seite auf und liest: „Die meisten Wissenschaftler nehmen heute an, dass vor ungefähr zehn Milliarden Jahren eine riesige Wolke aus Gasen und Staubteilchen durch den Weltraum wirbelte. Ganz langsam verbanden sich Gase und Staub und bildeten schließlich eine gewaltige Scheibe, die sich unaufhörlich

drehte und sich dann in mehrere Ringe teilte. Der mittlere Teil der Scheibe wurde die Sonne. Die Gase und Staubteilchen der anderen Ringe ballten sich zu großen glühenden Kugeln zusammen. Das geschah vor etwa fünf Milliarden Jahren. Dann begannen die glühenden Kugeln, sich langsam abzukühlen. Eine dieser Kugeln, die wir Planeten nennen, ist unsere Erde, die bis heute die Sonne umkreist."

„Das klingt aber kompliziert", meint Lisa.

Frau Roller nickt. „Ist es auch. Und weil das alles so kompliziert ist, haben die Menschen zu allen Zeiten einfachere Erklärungen gesucht. Zum Beispiel eben auch die, dass Gott Himmel und Erde erschaffen hat. Aber wir dürfen darüber nicht lachen oder es als dumm bezeichnen. Denn obwohl wir heute viel mehr wissen als die Menschen vor tausend oder zweitausend Jahren, können auch wir nicht mit Sicherheit sagen, wie die Erde und alle anderen Planeten entstanden sind. Wissen tun das nicht einmal die klügsten Wissenschaftler. Auch sie können nur vermuten, wie es war. Und wer oder was am Anfang alles in Gang gesetzt hat, wissen wir erst recht nicht."

Warum fallen wir nicht von der Erde runter?

Eva-Maria und Alexander gehen mit ihren Eltern spazieren. Auf einmal bleibt Eva-Maria stehen. Sie sieht aus, als habe sie etwas gehört und lausche nun.

„Was ist denn?“, fragt Mama.

„Unser Lehrer hat gesagt, die Erde dreht sich immer“, antwortet Eva-Maria. „Aber ich merke nichts davon.“

„Das merkt niemand.“

„Warum nicht?“ Eva-Maria wundert sich. Mama zieht die Schultern hoch. Und Papa weiß auch keine Antwort.

„Und warum fallen wir nicht von der Erde runter, wenn sie sich dreht?“, bohrt Eva-Maria weiter.

„Das kann ich dir sagen“, antwortet Papa. „Eine

unsichtbare Kraft hält uns fest oder zieht uns wieder zurück, wenn wir in die Luft springen."

„Ist das ein Geist?", fragt Alexander.

Papa lacht. „Nein, das ist kein Geist. Das ist die Anziehungskraft der Erde." Papa bückt sich und hebt einen Stein auf. „Was passiert, wenn ich den hochwerfe?"

„Er fällt wieder runter", antwortet Alexander. Papa nickt. „So sagen wir dazu. Aber genau genommen fällt der Stein nicht, sondern die Anziehungskraft der Erde zieht ihn herunter und hält ihn auf dem Boden fest."

Eva-Maria ist noch nicht ganz zufrieden. „Die Erde ist doch eine Kugel. Warum fallen dann die Menschen nicht runter, die unten leben?"

„Weil sie genau wie wir von der Erdanziehungskraft festgehalten werden", antwortet Papa.

Welche Kraft zieht uns auf die Erde zurück, wenn wir in die Luft springen?

Warum hängen die Menschen auf der südlichen Halbkugel nicht mit dem Kopf nach unten?

„Hängen die dann mit dem Kopf nach unten?“

Papa schmunzelt. „Es scheint so. Aber in Wirklichkeit hängen die Menschen auf der südlichen Halbkugel nicht mit dem Kopf nach unten. Sie leben genau wie wir *auf* der Erde.“

„Versteh ich nicht“, sagt Eva-Maria. „Wer von uns aus gesehen auf der anderen Seite der Erdkugel lebt, ist für uns unten“, erklärt Mama. „Und die Leute dort meinen, sie seien oben und wir seien unten.“

„Für alle Menschen ist die Erde unten und der Himmel oben“, ergänzt Papa. „Egal, wo jemand lebt.“

Alexander wirft einen Stein hoch und schaut ihm zu, wie er wieder zur Erde fällt.

„Wenn jetzt ein Junge in Südamerika einen Stein in die Luft wirft, wohin fällt der dann?“, fragt Mama.

„Auf den Boden“, antwortet Alexander. „Ist doch klar.“

„Richtig“, lobt Papa. „Weil die Erdanziehungskraft auch in Südamerika dafür sorgt, dass nichts und niemand ins Weltall fällt.“

„Und wenn du einen Stein ganz, ganz hoch wirfst, fällt der auch wieder runter?“, möchte Eva-Maria von ihrem Papa wissen.

„Das wollen wir gleich mal sehen.“ Papa hebt einen Stein auf, spuckt in die Hände und wirft ihn, so hoch er kann.

Eva-Maria und Alexander schauen gespannt zu. Der Stein fliegt hoch und weit, aber nach ein paar Sekunden landet er in einer Wiese.

Alexander und Eva-Maria lachen ihren Papa aus. „Du schaffst es nicht! Du schaffst es nicht!“

„Nein, ich schaffe es nicht“, gibt Papa zu. „Das schafft niemand. Man müsste den Stein mit einer Rakete hochfliegen, dann würde er oben bleiben.“

„Wirklich?“, fragt Eva-Maria.

Wo hört die Anziehungskraft der Erde auf?

„Ja, wirklich“, antwortet Papa. „Die Anziehungskraft der Erde wird nämlich immer schwächer, je weiter man sich entfernt. Und irgendwann hört sie ganz auf. Wenn die Astronauten dann einen Stein aus ihrer Rakete werfen würden, würde der durch den Weltraum schweben und nie mehr herunterfallen.“

„So möchte ich auch einmal schweben“, sagt Eva-Maria.

Mama lächelt. „Dann musst du Astronautin werden. Die schweben durch ihre Raumschiffe und Raumstationen.“

„Das hab ich schon im Fernsehen gesehen“, sagt Alexander. „Wenn ich groß bin, werde ich auch Astronaut.“

Papa zwinkert ihm zu. „Und wenn ihr beide Astronauten seid, könnt ihr mit euren Raumschiffen der Erdanziehungskraft ein Schnippchen schlagen und ins Weltall fliegen.“

Warum wird es Tag und Nacht?

Maren und Benedikt bauen eine Legostadt. Sie sind so in ihr Spiel vertieft, dass sie überhaupt nicht merken, wie die Zeit vergeht.

„Maren! Benedikt!“, ruft Mutter und kommt ins Kinderzimmer. „Ihr müsst Schluss machen!“

„Warum?“, fragt Benedikt. „Unsere Stadt ist doch noch gar nicht fertig.“

„Ihr könnt ja morgen weiterbauen.“

„Ich will aber jetzt bauen!“ „Benedikt, schau mal“, sagt Mama, „draußen ist es schon dunkel.“

„Mir doch egal.“

„Warum wird es überhaupt Nacht?“, fragt Maren.

„Weil es eben Nacht wird.“ Eine bessere Antwort fällt Mama im Augenblick einfach nicht ein.

„Zu mir sagst du immer, so eine Antwort ist keine Antwort", brummt Maren.

Langsam wird Mama ungeduldig. „Ihr wollt doch nur wieder das Zubettgehen hinauszögern."

„Gar nicht wahr", widerspricht Maren. „Ich möchte wissen, warum es Nacht wird und dann wieder Tag."

Mama überlegt, ob sie die Frage beantworten oder die Kinder ins Bett schicken soll.

„Du weißt es nicht!“, ruft Benedikt.

„Natürlich weiß ich es“, sagt Mama. „Es wird Tag und Nacht, weil die Erde sich um sich selber dreht.“

Maren zieht ein komisches Gesicht. „Das verstehe ich nicht.“

Mama schaut sich im Zimmer um, sieht einen Ball und hebt ihn auf. „Benedikt, gib mir bitte mal deine Taschenlampe.“

Mama knipst die Taschenlampe an und das Licht aus. In einer Hand hält sie die Lampe, in der anderen den Ball. „Nun passt mal auf, ihr zwei. Stellt euch vor, dieser Ball wäre jetzt die Erde und die Taschenlampe die Sonne. Und dieser gelbe Punkt auf dem Ball wäre Deutschland.“ Mama dreht den Ball, und ganz langsam verschwindet der gelbe Punkt aus dem Lichtschein.

„Jetzt wird es dunkel in Deutschland“, sagt Maren.

Mama dreht den Ball weiter. Benedikt guckt ganz genau, kann den gelben Punkt aber nicht mehr erkennen. „Jetzt ist es Nacht.“

„Richtig“, bestätigt Mama und dreht den Ball so lange, bis der gelbe Punkt wieder im Lichtschein auftaucht.

„Jetzt geht in Deutschland die Sonne auf“, sagt Maren.

„Sehr gut“, lobt Mama. „Obwohl das gar nicht stimmt.“

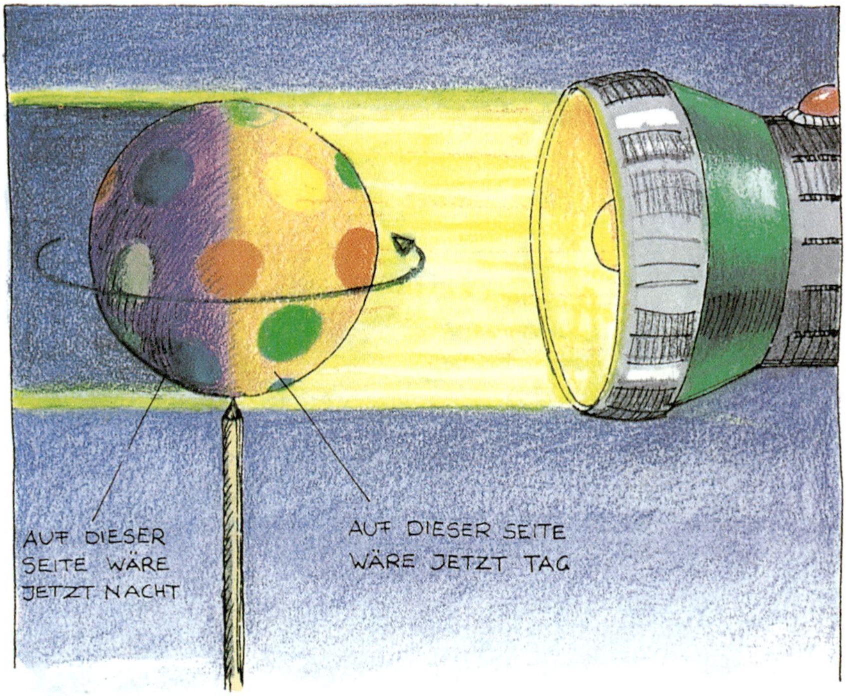

„Was stimmt nicht?“, fragt Maren.

„Dass die Sonne aufgeht“, antwortet Mama. „Das sieht für uns Menschen nur so aus, weil wir nicht merken, wie sich die Erde dreht. Für uns scheint es so, als gehe die Sonne am Morgen auf, wandere um die Erde und versinke am Abend wieder. Aber das ist eine Täuschung. In Wirklichkeit steht die Sonne immer am gleichen Platz. Genau wie die Taschenlampe hier.“

Warum scheint es, als würde die Sonne auf- und untergehen?

„Geht die Sonne dann morgen Früh nicht mehr auf?“, erkundigt sich Benedikt besorgt.

„Doch, mein Schatz“, beruhigt ihn Mama. „Weil die Erde sich immer weiterdreht, geht für uns auch morgen Früh die Sonne wieder auf. Aber jetzt ist es in Deutschland Nacht, und die Kinder müssen schnell ins Bett, auch wenn sie noch viele Fragen haben. Die beantworten wir dann ein andermal."

SOMMER AUF DER SÜDHALBKUGEL
N
ÄQUATOR
S
SOMMER AUF DER NORDHALBKUGEL
N
ÄQUATOR
S

Wie sieht die Erde von innen aus?

Berge, Flachland, Meere und Seen bilden die oberste Schicht der Erde, die Erdkruste. Darunter gibt es drei verschiedene Schichten: den Erdmantel, den äußeren Kern und den inneren Kern.

Die 20 bis 50 Kilometer dicke Kruste schwimmt auf dem Erdmantel, dessen heiße Masse sich ununterbrochen bewegt. In über 2 000 Kilometern Tiefe liegt der flüssige äußere Kern.

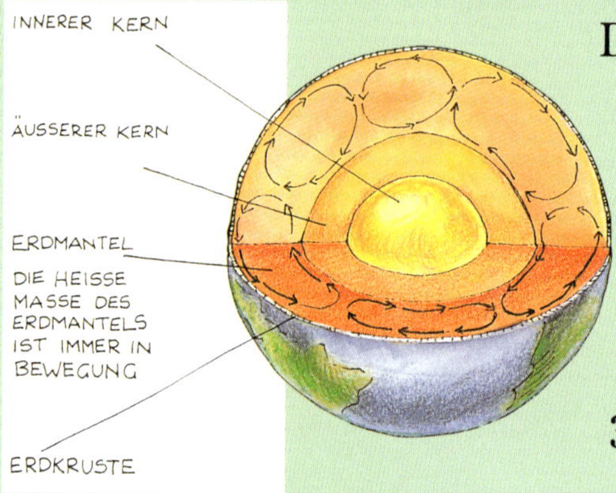

Der feste innere Kern beginnt in einer Tiefe von über 5 000 Kilometern. Die Temperatur ist dort sehr hoch: 3 000 bis 5 000 Grad!

Wie kommt es zu einem Erdbeben?

Hast du schon einmal ein kleines Erdbeben erlebt? Plötzlich wackelt der Tisch, und die Tassen und Teller im Schrank klirren. In anderen Teilen der Erde kommt es immer mal wieder zu großen Erdbeben, die sogar Häuser einstürzen lassen.

Die Erde wackelt immer dann, wenn die auf dem Erdmantel schwimmenden Platten der Erdkruste aufeinander prallen. Stoßen die Platten in größerer Entfernung zusammen, spürt man das Beben kaum.

In Deutschland bebt die Erde vor allem im Gebiet der Schwäbischen Alb. Besonders starke Erdbeben gibt es in Japan, China, Südamerika und den Ländern am Mittelmeer.

Warum spuckt ein Vulkan Feuer?

Im Inneren der Erde ist es sehr heiß. Geschmolzenes Gestein, Magma, sammelt sich in Kammern, die sich schnell füllen. Gase drücken das Magma nach oben durch einen Schlot. Als Lava wird es aus dem Krater des Vulkans gedrückt, läuft den Berg hinunter und bedroht Städte und Dörfer.

Wissenschaftler können feststellen, ob es in einem Vulkan „arbeitet". Wann der Vulkan ausbricht und wie stark der Ausbruch sein wird, kann aber keiner vorhersagen.

Warum regnet es?

Im Bad rauscht das Wasser. Dorothee zieht sich aus.

Mama legt inzwischen frische Kleidung bereit. „Schau bitte mal nach, ob schon genug Wasser in der Wanne ist."

Dorothee läuft ins Bad. „Puh!", macht sie und weicht zurück. „Ich sehe ja fast nichts vor lauter Dampf."

Mama kommt und dreht den Wasserhahn schnell zu.

„Warum dampft es denn hier so?", fragt Dorothee, während sie in die Wanne steigen will. „Au!", ruft sie und zieht den Fuß schnell aus dem Wasser. „Das ist doch viel zu heiß!"

„Entschuldige", sagt Mama. „Ich habe vergessen, kaltes Wasser beizumischen. Deswegen dampft es auch so."

„Das ist ja wie eine Wolke", sagt Dorothee.

DER KREISLAUF DES WASSERS

Mama nickt. „Ist es auch. Wir stehen jetzt mitten in einer Wolke."

„Regnet es dann bald?"

„Das gerade nicht." Mama zeigt zum Fenster. „Aber schau dir mal die Fensterscheibe genauer an."

„Da sind lauter kleine Tröpfchen", sagt Dorothee. „Ein paar sind schon abgerutscht und hängen jetzt unten dran."

„Richtig", bestätigt Mama. „Und diese Tröpfchen sind nichts anderes als Regentropfen."

Das kann Dorothee kaum glauben.

„Draußen läuft es im Grunde genauso ab wie hier

drinnen. Das Wasser in den Meeren, in den Seen und Flüssen wird von der Sonne erwärmt. Ein Teil des Wassers verdunstet und steigt als Dampf in die Höhe. Je höher der Dampf steigt, desto kühler wird die Luft. Da kalte Luft weniger Dampf aufnehmen kann als warme, verwandelt sich der Dampf in winzig kleine Tröpfchen. Diese Tröpfchen bilden die Wolken. Das ist genau wie jetzt bei uns im Bad."

„Aber es regnet doch nicht immer, wenn Wolken am Himmel sind", sagt Dorothee.

„Das stimmt", sagt Mama. „Manche Wolken haben noch nicht genug Wasserdampf aufgenommen oder

Wie entstehen Wolken?

Warum regnet es nicht immer, wenn Wolken am Himmel sind?

sie sind noch nicht hoch genug gestiegen. Erst wenn das der Fall ist, verbinden sich die winzigen Tröpfchen und werden zu größeren Tropfen."

„Warum verbinden die sich?", fragt Dorothee dazwischen.

„Das weiß ich nicht", antwortet Mama. „Ich weiß nur, dass alles Wasser, das verdunstet, früher oder später als Regen oder Schnee auf die Erde zurückkehrt. Je nachdem, wie kalt es ist."

Dorothee überlegt. „Ich habe immer gedacht, Regen ist neues Wasser, das aus dem Himmel kommt."

Wie funktioniert der Wasserkreislauf?

„Als Kind habe ich das auch gedacht", sagt Mama. „Aber es gibt kein neues Wasser. Es ist nur ein Kreislauf: Auf der Erde verdunstet Wasser. Daraus werden Wolken, die irgendwann wieder abregnen."

Dorothee fährt mit der Hand an der Fensterscheibe hoch, spritzt ein paar Tropfen in die Wanne und lacht. „Jetzt habe ich es ins Meer regnen lassen."

„Prima!", sagt Mama. „Und bevor noch mehr Wasser verdunstet, steigst du am besten hinein. Sonst musst du vielleicht noch im ausgetrockneten Meer baden."

Dorothee grinst. „Dann warte ich eben, bis es wieder regnet."

Warum brauchen wir Kläranlagen?

Seit einer Woche arbeitet Frau Karcher mit ihrer Klasse am Thema Wasser. Und heute besuchen sie zum Abschluss noch die Kläranlage. Herr Gutmann, der Klärwärter, begrüßt die Klasse.

„Wir alle verbrauchen täglich Wasser“, beginnt er. „Wisst ihr denn auch, wie viel?“

„Hundertfünfzig Liter“, antwortet Marina.

„Richtig“, sagt Herr Gutmann. „Das meiste Wasser verbrauchen wir beim Waschen, Duschen, Baden und auf der Toilette. Dieses verschmutzte Wasser läuft dann durch Rohre in einen Abwasserkanal. Genau wie das Abwasser von eurer Schule und das von Fabriken. All diese Abwässer kommen hier an.“

„Deswegen stinkt es hier auch so“, sagt Alexander.

Warum brauchen wir Kläranlagen?

Wie viel Wasser verbraucht ein Mensch am Tag?

„Tja, das ist nicht zu ändern." Herr Gutmann schmunzelt. „Wenn du aufs Klo gehst und einen Haufen machst, riecht der ja auch nicht nach Parfüm."

Die Kinder kichern.

„Kommt Alexanders Kacke denn hierher?", fragt Julia.

„Natürlich", antwortet Herr Gutmann. „Genau wie deine und die von euch allen."

„Iiiii!", macht Julia und hält sich die Nase zu. Herr Gutmann führt die Schüler zum Rechenhaus und zeigt ihnen, wo das Abwasser ankommt. Als Erstes fließt es durch ein großes Gitter. Die Kinder wundern sich, was alles in dem Gitter hängen bleibt: Stoffreste, Windeln, Tuben, Dosen, Plastiktüten und viele andere Dinge.

Was geschieht mit dem Abwasser?

„Das alles schmeißen die Leute in die Toilette", sagt Herr Gutmann. „Obwohl es da wirklich nicht hineingehört. Wenn das Wasser von diesem groben Schmutz gereinigt ist, müssen wir den Sand und den feinen Schmutz herausfiltern. Das geschieht im Sandfang. Dort fließt das Wasser so langsam, dass der Schmutz auf den Boden sinkt, während das Wasser oben weiterfließt."

„Ist es dann wieder sauber?", fragt Jasmin. Herr Gutmann schüttelt den Kopf. „Es sind immer noch viele kleine Schmutzteilchen drin und Fett und Öl.

Deswegen fließt das Wasser jetzt in das Absetzbecken, wo es zwei Stunden bleibt. In dieser Zeit schweben auch die feinen und leichten Schmutzteile zu Boden. Und auf dem Wasser schwimmen Fett und Öl. Das wird vorsichtig herausgenommen."

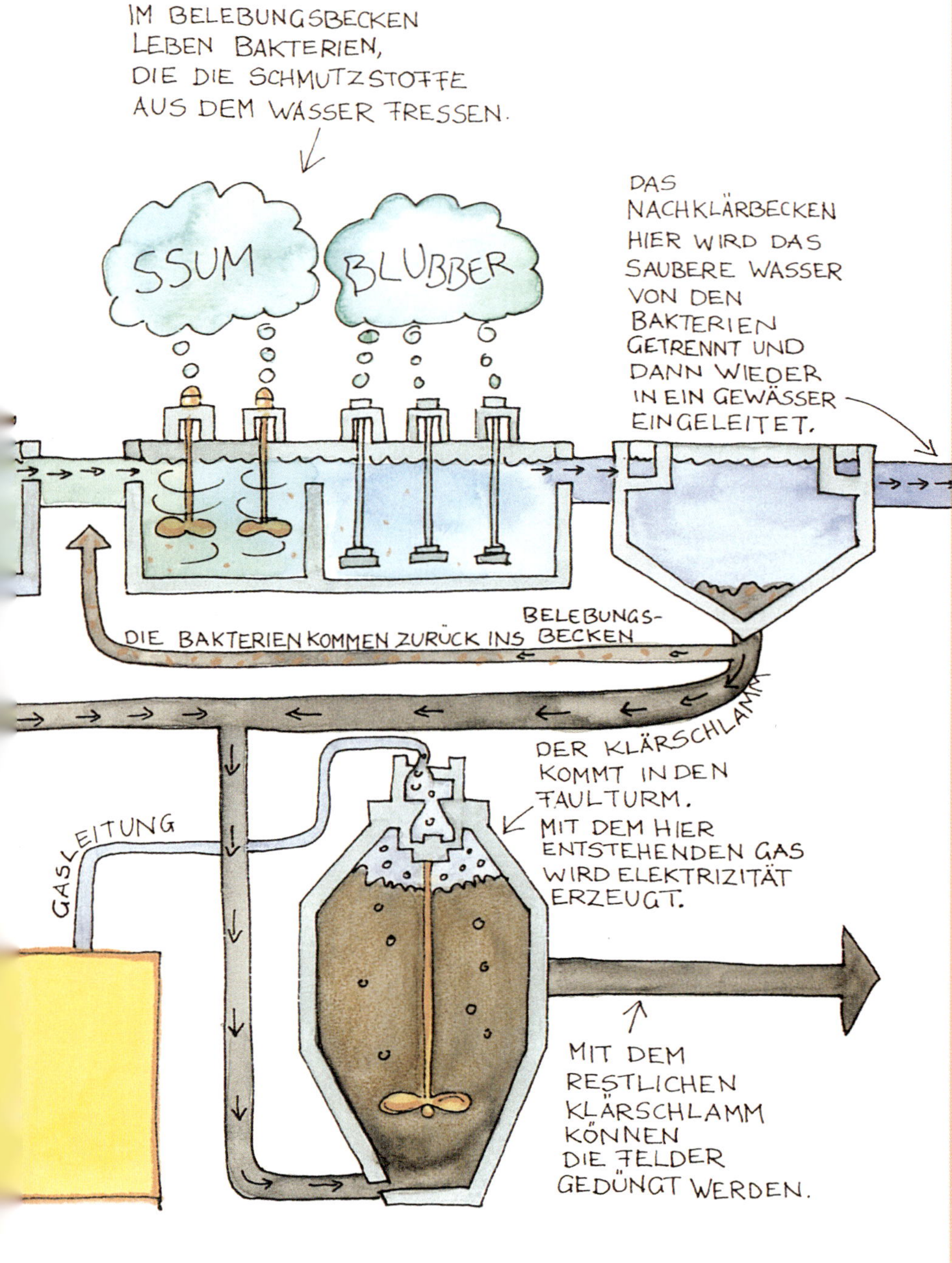
IM BELEBUNGSBECKEN
LEBEN BAKTERIEN,
DIE DIE SCHMUTZSTOFFE
AUS DEM WASSER FRESSEN.
SSUM
BLUBBER
DAS
NACHKLÄRBECKEN
HIER WIRD DAS
SAUBERE WASSER
VON DEN
BAKTERIEN
GETRENNT UND
DANN WIEDER
IN EIN GEWÄSSER
EINGELEITET.
DIE BAKTERIEN KOMMEN ZURÜCK INS BELEBUNGS-BECKEN
DER KLÄRSCHLAMM
KOMMT IN DEN
FAULTURM.
MIT DEM HIER
ENTSTEHENDEN GAS
WIRD ELEKTRIZITÄT
ERZEUGT.
GASLEITUNG
MIT DEM
RESTLICHEN
KLÄRSCHLAMM
KÖNNEN
DIE FELDER
GEDÜNGT WERDEN.

Alexander beugt sich über das Geländer, damit er alles ganz genau sehen kann. Dabei verliert er das Gleichgewicht, baumelt mit den Beinen in der Luft und ruft um Hilfe. Frau Karcher erwischt ihn gerade noch, bevor er ins Becken stürzt.

Nach dem ersten Schreck machen die Kinder Witze über Alexander.

„Der hätte schön gestunken, wenn er da reingefallen wäre“, sagt Julia.

„Aber dann wäre er endlich mal richtig gewaschen worden“, stichelt Basti.

Als sich alle wieder beruhigt haben, erklärt Herr Gutmann die letzten Schritte bei der Reinigung des Wassers. Viele Millionen Bakterien fressen die meisten Schmutzstoffe praktisch auf. Und zum Schluss werden die Bakterien mit den winzigsten Schmutzteilchen auch noch aus dem Wasser gefischt. Jetzt erst wird es in den nahen Bach geleitet.

Wohin fließt das Wasser, wenn es gereinigt worden ist?

Die Kinder sind beeindruckt, als sie das klare Wasser sehen.

„Und da waren mal unsere Kacke und all der andere Dreck drin“, murmelt Julia. Sie kann es kaum glauben.

„Ihr habt ja jetzt gesehen, wie schwierig es ist, das Abwasser wieder sauber zu machen“, sagt Frau Karcher. „Das kostet natürlich auch eine Menge Geld. Deswegen sollten wir mal darüber nachdenken, ob wir täglich wirklich so viel Wasser verbrauchen müssen.“

Warum gibt es Hochwasser?

„Los, los, schneller!“, ruft Papa. „Ich kann nicht mehr“, keucht Ann-Marie.

„Dann geh aus dem Weg“, sagt Mama. Sie drückt Ann-Marie gegen die Tür und wirft den Sandsack auf die anderen Säcke.

Den nächsten Sack bringt Julian. „Es reicht!“, ruft er Papa zu.

Vom Fenster ist nichts mehr zu sehen.

Das Wasser schwappt schon in den Garten. Mama, Papa und Julian bauen auch vor den anderen Fenstern im Erdgeschoss Schutzdämme gegen das Hochwasser. Zuletzt sichern sie noch die Tür.

„Geschafft“, sagt Papa und wischt sich Regentropfen und Schweiß aus dem Gesicht. Die letzten paar Sandsäcke legt er von innen vor die Tür.

Mama und Julian gehen ins Wohnzimmer und lassen sich erschöpft in die Sessel fallen.

Ann-Marie kommt weinend hinter ihnen hergetrottet.

„Tut mir Leid, mein Schatz", sagt Mama und zieht Ann-Marie auf ihren Schoß. „Ich hab's nicht bös gemeint vorhin. Wir sind eben alle gereizt, wenn das Wasser kommt."

Ann-Marie findet es überhaupt nicht mehr schön, direkt am Fluss zu wohnen. Zweimal stand ihr Zimmer schon unter Wasser.

„Warum gibt es denn das blöde Hochwasser?"

„Hochwasser hat es immer gegeben", antwortet Mama.

„Aber nicht so oft wie in den letzten Jahren", sagt Julian. „Das kommt davon, weil sie immer mehr Land zubetonieren, sodass immer weniger Wasser versickern kann. Und weil die Flüsse so begradigt werden, dass sie das viele Wasser nicht mehr schlucken können. Wenn dann der Schnee schmilzt oder wenn es stark regnet, gibt es Überschwemmungen."

Warum gibt es heute häufiger Hochwasser als früher?

„Aber das Wasser soll nicht wieder in mein Zimmer fließen", sagt Ann-Marie.

„Keine Angst, mein Schatz, wir haben ..."

„Warum schaltet ihr denn den Fernseher nicht ein?", fragt Papa, der eben hereinkommt. „Damit man sieht, was los ist."

„Das sehen wir auch ohne Fernseher", meint Mama.

Papa drückt auf den Knopf. Gerade kommt ein Bericht über das Hochwasser.

„Guckt mal da!", sagt Mama. „Das ist ja unser Dorf."

„Und da ist unser Haus!", ruft Ann-Marie. „Unser Haus kommt im Fernsehen!"

„Darauf könnte ich gern verzichten", murmelt Julian.

„Seid doch mal still!", sagt Papa. „Man versteht ja kein Wort."

„Eine Ursache für die Zunahme des Hochwassers sehen Wissenschaftler auch in der Erwärmung unseres Planeten", berichtet eine Frau. „Schuld an der Erwärmung ist der so genannte Treibhauseffekt. Wir lassen täglich eine große Menge Abgase in die Luft. Diese Gase schweben wie eine Glashülle über der Erde. Und wie in einem Treibhaus kann die Wärme nicht entweichen. Darum wird es auf der Erde immer wärmer. Schon ein oder zwei Grad mehr lassen einen Teil der Gletscher abschmelzen. Auch das Eis des Nord- und Südpols schmilzt. Der Wasserstand der Flüsse und der Meeresspiegel steigen. Das geschieht natürlich nicht von heute auf morgen, aber die Hochwasserkatastrophen auf der ganzen Welt sind ein deutliches Warnzeichen."

Gibt es noch mehr Gründe für die Zunahme von Hochwasser?

Damit ist der Bericht zu Ende. Der Nachrichtensprecher erscheint auf dem Bildschirm und bringt die nächste Nachricht. Doch die will Papa nicht hören. Er geht zum Fenster und schaut hinaus.

„Der Regen hat nachgelassen“, sagt er. „Vielleicht wird’s ja diesmal nicht so schlimm.“

Haxe
kg
3.99
Rippchen
zum
Grillen
2.99
sonder-
angebot!

Warum ist Wasser kostbar?

Ohne Wasser können weder Menschen noch Pflanzen oder Tiere lange überleben. Deswegen müssen wir sorgsam damit umgehen. Mehr als fünf Millionen Menschen sterben jedes Jahr, weil sie kein sauberes Trinkwasser haben.

Obwohl die Erde zum größten Teil mit Wasser bedeckt ist, kann man nicht alles Wasser verwenden. Nur das Süßwasser aus Flüssen und Seen kann zu Trinkwasser werden. Süßwasser gibt es aber nicht unbegrenzt, auch wenn die „Vorräte“ durch den Wasserkreislauf immer wieder aufgefüllt werden: Regenwasser sammelt sich in den Flüssen, fließt ins Meer, verdunstet und kommt als Regen wieder auf die Erde zurück.

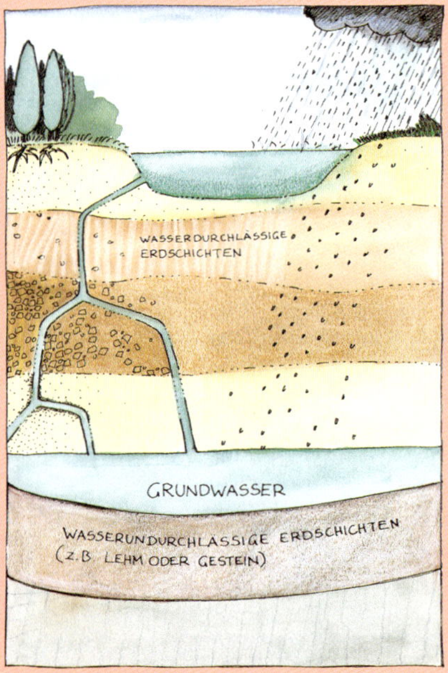

Grundwasser ist besonders sauber, denn auf dem Weg durch die verschiedenen Erdschichten wirkt der Boden wie ein Filter: Er fängt den Schmutz auf, und das Wasser sammelt sich tief in der Erde. Es wird mit Pumpen wieder heraufgeholt und über lange Rohre in unsere Häuser transportiert.

Warum können wir ohne Wasser nicht leben?

Hast du schon gewusst, dass jeder Mensch zu einem großen Teil (60 Prozent) aus Wasser besteht? Natürlich ist es kein normales Leitungswasser, das durch den Körper fließt. Es sind die Körperflüssigkeiten Blut, Schweiß, Tränen und Urin.

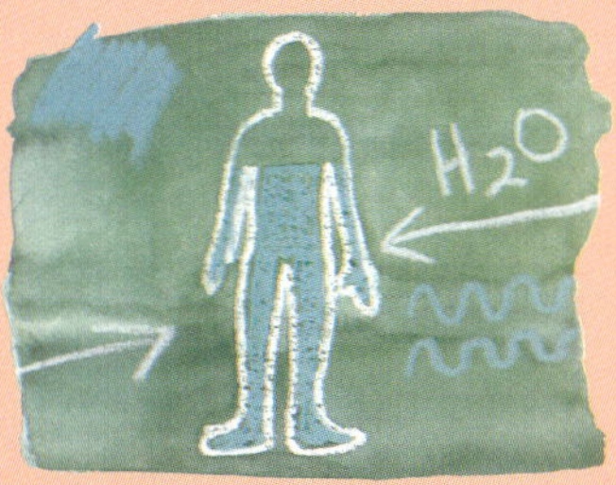

Der Durst zeigt uns an, dass wir Wasser „nachfüllen“ müssen. Du solltest am Tag mindestens zwei Liter trinken!

Was kannst du gegen die Wasserverschmutzung tun?

Das Wasser sauber zu halten ist sehr wichtig. Es wird nicht nur durch Fabriken verschmutzt. Manche Menschen kippen auch einfach ihren Müll dort hinein, um ihn schnell loszuwerden.

Wenn du so etwas siehst, solltest du das der Polizei oder auf dem Rathaus melden. Vielleicht kannst du dich mit Freunden zusammentun und den Müll herausholen.

Warum kommen die Ausländer zu uns?

Als die Kinder der dritten Klasse nach der großen Pause ins Klassenzimmer kommen, steht an der Tafel: „Ausländer raus!"

Pablo will es wegwischen, da kommt die Lehrerin, Frau Kimmig, herein und sagt: „Lass das bitte stehen."

„Das hat bestimmt der Kai geschrieben!", ruft Hanne. „Der sagt immer so schlimme Sachen über die Ausländer."

„Ich will überhaupt nicht wissen, wer das geschrieben hat", meint Frau Kimmig. „Ich möchte mit euch darüber reden."

Es wird ganz still im Klassenzimmer, und Frau Kimmig fragt: „Warum sollen denn die Ausländer raus aus Deutschland?"

Es bleibt still. Niemand traut sich, die Frage zu

beantworten. Nur zögernd gehen zwei, drei Hände hoch.

„Mein Papa sagt, die nehmen uns die Arbeit weg und ...“

„Und die Wohnungen“, unterbricht Kevin seinen Freund Axel. „Dann müssen wir bald in Baracken wohnen, und die Ausländer wohnen in unseren Wohnungen, weil unsere Eltern die Miete nicht mehr bezahlen können, wenn sie arbeitslos sind.“

„Warum kommen die denn überhaupt alle zu uns?“, möchte Susanne wissen.

Warum verlassen manche Menschen ihre Heimat?

„Das ist eine wichtige Frage“, sagt Frau Kimmig. „Warum verlassen so viele Menschen ihre Heimat und kommen zu uns?“

Jenny versucht eine Antwort: „Ich glaube, weil ihre Länder ganz arm sind und die Menschen nicht genug zu essen haben.“

„Oder weil dort Krieg ist“, ergänzt Martin. „Dann müssen viele Leute fliehen, genau wie Goran.“

Als Goran seinen Namen hört, hebt er den Kopf und schaut Martin an. Er versteht nicht, was die anderen reden. Dazu kann er noch viel zu wenig Deutsch, obwohl er schon einiges gelernt hat, seit er zusammen mit seiner Mutter aus Kroatien geflohen ist.

„Jenny und Martin haben zwei wichtige Gründe genannt, warum Menschen aus anderen Ländern zu uns kommen“, meint Frau Kimmig. „Aber es gibt auch noch andere Gründe. Ich will euch mal erzählen, wie das alles anfing. Vor ungefähr fünfzig Jahren fehlten in Deutschland viele Arbeitskräfte. Damals holte man Männer aus Italien, Griechenland, Spanien, Portugal und Jugoslawien, weil es in ihren Heimatländern nicht genug Arbeit für alle gab. Diese Männer nannte man Gastarbeiter. Zuerst kamen sie allein, arbeiteten hier und fuhren im Urlaub zu ihren Familien nach Hause. Das war für alle kein sehr schönes Leben. Deswegen gingen viele wieder zurück in ihre Heimat. Andere blieben hier und holten ihre Familien nach Deutschland."

„Genau wie mein Großvater!", ruft Stefan dazwischen.

„Richtig", bestätigt Frau Kimmig. „Dein Großvater war einer der ersten Griechen in unserer Gemeinde."

„Mein Papa ist noch in Griechenland geboren", sagt Stefan. „Aber ich nicht, ich bin hier geboren."

„Trotzdem bist du Grieche, also ein Ausländer." Frau Kimmig zeigt zur Tafel. „Du musst raus aus Deutschland."

„Stefan ist doch kein Ausländer", widerspricht Kevin. „Der ist doch wie wir."

„Du meinst, er sieht aus wie wir, redet wie wir und lebt auch so wie wir", sagt Frau Kimmig. „Deswegen darf er bleiben, obwohl er Ausländer ist. Wer sind denn dann die Ausländer, die raussollen?"

Niemand meldet sich.

„Mal sehen, ob wir das noch herausbekommen", meint Frau Kimmig.

Sie erzählt weiter. „Aus Italien, Griechenland, Spanien, Portugal und Jugoslawien kamen damals nicht genug Gastarbeiter. Deswegen holte man auch noch viele Männer aus der armen Türkei. Weil sie dort keine Arbeit hatten, waren diese Männer froh, dass sie in Deutschland arbeiten und Geld verdienen konnten. Aber auch für sie war das Leben in einem fremden Land und ohne Familien sehr schwer. So brachten auch viele türkische Männer ihre Familien mit nach Deutschland. Bald lebte über eine Million Türken bei uns. Und sie lebten anders als wir. Frauen und Mädchen trugen lange dunkle Kleider und Kopftücher. Dafür wurden sie oft ausgelacht und gehänselt. Sie aßen kein Schweinefleisch, sondern Hammelfleisch, feierten andere Feste, hatten andere Bräuche und andere Musik als wir. Türken waren von Anfang an nicht gern gesehen. Und als man nicht mehr so

viele Arbeiter brauchte, hätten viele Deutsche die Türken am liebsten wieder zurückgeschickt."

„Türken stinken auch immer nach Knoblauch", sagt Kai. „Und sie klauen wie die Raben, hat mein Papa gesagt."

Die türkischen Kinder in der Klasse sind empört und wehren sich.

„Kai, komm doch bitte mal nach vorne! Wir machen jetzt einen Versuch."

Frau Kimmig nimmt ihr Halstuch und verbindet

Kai die Augen. Dann stellt sie vier türkische Kinder, Pablo aus Peru und fünf deutsche Kinder nebeneinander. Kai muss an ihnen riechen und sagen, wer Türke ist. Er zeigt auf Galip und Nadine. „Die andern riechen alle ganz normal."

Frau Kimmig nimmt ihm das Halstuch ab, und Kai staunt.

„Anscheinend riechen nicht alle Türken nach Knoblauch", sagt Frau Kimmig. „Aber dafür riechen auch Deutsche danach." Sie haucht Kai an, und der weicht zurück. „Ich, zum Beispiel, weil ich Knoblauch mag und weil er gesund ist."

Die Kinder lachen.

„Und was das Klauen betrifft, da hast du nicht ganz Unrecht. Es gibt Türken, die klauen wie die Raben. Und es gibt Deutsche, die klauen wie die Raben."

„Es gibt überall auf der Welt gute und schlechte Menschen", sagt Stefan. „Bei den Deutschen, bei den Türken, bei den Griechen ..."

„Und bei den Peruanern", unterbricht ihn Pablo.

„Richtig", bestätigt Frau Kimmig. „Zum Glück gibt es bei allen mehr gute als schlechte. Aber wenn man zu wenig voneinander weiß, sieht man oft nur das Schlechte. Das ist falsch und gefährlich, wie ihr hier sehen könnt." Sie zeigt zur Tafel.

Dann fordert sie alle ausländischen Kinder auf,

das Klassenzimmer zu verlassen. Neun von sechsundzwanzig Stühlen sind leer. „So würde es aussehen, wenn wir das tun würden, was an der Tafel steht“, sagt Frau Kimmig. „Ich glaube, es ist besser, wir holen die andern schnell wieder herein.“

Die Kinder nicken.

„Sonst hätte ich ja keine Freundin mehr“, sagt Jenny.

„Wer wischt die Tafel sauber?“, fragt Frau Kimmig.

„Ich!“, rufen die meisten Kinder.

So viele Freiwillige hat es dafür noch nie gegeben.

Warum bitten Menschen um Asyl?

Wie jeden Samstagvormittag putzt Herr Weimer seinen Mercedes. Und wie meistens putzt seine Tochter Laura daneben ihr Fahrrad. Herr Weimer ist gerade dabei, die Motorhaube abzuwaschen, da hält vor der Einfahrt ein Auto, und Herr Modler steigt aus.

„Haben Sie schon gehört?“, beginnt er sofort. „Die wollen das leer stehende Haus dort drüben zu einem Asylbewerberheim machen!“

„Was!“ Herrn Weimer fällt beinahe die Bürste aus der Hand. „Ein Asylbewerberheim! Das darf ja nicht wahr sein!“

Die beiden Männer schimpfen heftig über Ausländer, Asylanten und Politiker.

„Was meinen Sie, wie viel Geld das kostet“, sagt Herr Modler empört. „Und wir können alles bezahlen. Den Umbau des Hauses und die Unterstützung dieser Faulenzer. Die leben doch hier auf unsere Kosten wie die Maden im Speck!“

„Das kann so nicht weitergehen“, stimmt ihm Herr Weimer zu. „Man ist ja hier bald seines Lebens nicht mehr sicher.“

Für Laura hört sich das so an, als ginge es in dem Gespräch um böse und gefährliche Menschen. Sie geht ins Haus und fragt ihre Mutter, was Asylbewerber eigentlich sind.

„Asylbewerber sind Menschen, die aus ihren Heimatländern geflohen sind, weil sie dort verfolgt werden“, erklärt Mutter.

„Warum werden sie verfolgt?“, möchte Laura wissen. „Haben sie gestohlen?“

Mutter schüttelt den Kopf. „Manche werden verfolgt, weil sie gegen die Regierung sind; manche, weil sie einen anderen Glauben oder eine andere Hautfarbe haben als die Mehrheit in ihren Heimatländern.“

„Kommen sie dann ins Gefängnis?“

Mutter möchte nicht weiter darüber reden, aber Laura lässt nicht locker.

„Ja, sie kommen ins Gefängnis; viele werden sogar gefoltert und getötet“, sagt sie, damit Laura endlich Ruhe gibt.

„Auch Kinder?“, fragt Laura erschrocken. Mutter nickt. „In manchen Ländern sogar Kinder. Deswegen suchen sie in einem anderen Land Schutz vor ihren Verfolgern. Diesen Schutz nennt man Asyl.“

Laura überlegt. „Warum tun Papa und Herr Modler dann so, als wären die Asylbewerber böse und gefährlich?“

Mutter versteht Lauras Frage nicht, und Laura erzählt ihr, was die beiden Männer gesagt haben.

„Papa hat bestimmt nicht die richtigen Asylanten gemeint“, verteidigt Mutter ihren Mann, „sondern die vielen Menschen, die nicht verfolgt werden, die nur zu uns kommen, weil sie besser leben wollen.“

„Wie besser leben?“, möchte Laura wissen. „Du

Warum werden Asylbewerber in ihren Heimatländern verfolgt?

weißt doch, dass viele Menschen auf der Welt hungern müssen", antwortet Mutter. „Von denen kommen dann welche zu uns, weil sie hoffen, dass sie hier wenigstens genug zu essen bekommen."

„Und das dürfen sie nicht?", fragt Laura.

„Nein."

„Aber wenn die Menschen in den armen Ländern Hunger leiden, müssen wir ihnen Essen schicken, oder sie müssen zu uns kommen. Wir haben doch genug zu essen."

„Aber leider nicht genug für alle hungernden Menschen", antwortet Mutter. „Wenn die alle zu uns kommen würden, müssten wir auch bald Hunger leiden."

Laura will etwas sagen, doch Mutter ist noch nicht fertig. „Außerdem geht es beim Asyl nicht darum, ob jemand Hunger hat, sondern nur darum, ob jemand in seinem Heimatland verfolgt wird. Wer dort wirklich verfolgt wird, obwohl er nichts Unrechtes getan hat, der bekommt bei uns Asyl. Wer nicht verfolgt wird, muss zurück in sein Heimatland."

„Auch wenn er dort Hunger leiden muss?", fragt Laura.

„Auch dann", antwortet Mutter.

Das findet Laura nicht richtig.

Warum werden Ausländer beschimpft?

Im Kindergarten oder auf dem Schulhof hast du vielleicht schon mal erlebt, wie ausländische Kinder ausgelacht oder angepöbelt wurden – weil sie eine dunklere Hautfarbe haben, nicht gut deutsch sprechen oder auf andere Art fremd wirken.

Vor vielen Jahren waren Einwanderer (so genannte Gastarbeiter) gern gesehen, weil Arbeitskräfte gebraucht wurden. Heute sieht es anders aus: Die Arbeitslosigkeit ist ein großes Problem. Viele glauben, dass ihnen Ausländer die Arbeitsplätze wegnehmen. Sie bedenken nicht, dass sie deren Arbeit als Erntehelfer oder Putzkraft oft gar nicht machen würden.

Manche Ausländer sind auch bei uns, weil sie in ihrem Heimatland verfolgt werden. Sie suchen bei uns Schutz.

Was mache ich, wenn Ausländer angegriffen werden?

Wenn du siehst, dass Ausländer geärgert oder bedroht werden, schau nicht weg, sondern versuche, etwas zu tun. Sind die Angreifer älter, hole schnell einen Erwachsenen. Wenn keine Erwachsenen in der Nähe sind, verbünde dich mit anderen Kindern.

Stellt euch vor den Angegriffenen, und redet mit den Angreifern. Erklärt ihnen, dass niemand das Recht hat, jemanden wegen seiner Hautfarbe oder seines Aussehens zu beschimpfen oder zu beleidigen. Je mehr ihr seid, desto besser.

Wie lerne ich ausländische Kinder besser kennen?

In der Schule oder im Kindergarten triffst du oftmals nicht nur deutsche Kinder, sondern auch Kinder aus anderen Ländern. Wenn du deine ausländischen Mitschüler besser kennen lernen möchtest, frage sie doch mal nach ihren Eltern und Geschwistern. Wo kommt die Familie her, und wie hat sie dort gelebt? Vielleicht kannst du sie einmal zu Hause besuchen oder mit ihnen essen. Wahrscheinlich wirst du feststellen, dass vieles bei dir ganz ähnlich ist.

Warum gibt es bei uns keinen König mehr?

Karina hat das Märchen vom König Drosselbart gelesen. Sie klappt das Buch zu und fragt: „Mama, hat es Könige wirklich gegeben?“

Mama nickt.

„Und warum gibt es jetzt keine mehr?“

„Es gibt auch heute noch Könige und Königinnen“, antwortet Mama. „Zum Beispiel in England, Schweden, Belgien, Holland und Spanien.“

Karina staunt. „Richtige Könige und Königinnen? Mit Krone und Zepter und so?“

„Genau so!“

„Und bei uns?“

„Du meinst in Deutschland“, sagt Mama. „Da gibt es keinen König mehr.“

„Warum nicht?“, will Karina wissen.

„Tja ...“, sagt Mama. „Die Leute wollten einfach keinen mehr.“

„Und warum nicht?“

Mama seufzt. „Du stellst Fragen ...“ Sie denkt nach und meint: „Mehr als tausend Jahre hat es in Deutschland Kaiser, Könige und Fürsten gegeben. Die meisten von ihnen hatten nur ein Ziel: ihr Land und ihre Macht zu vergrößern. Und wie konnten sie das?“

Karina überlegt. „Wenn sie anderen ihr Land wegnahmen.“

„Richtig“, sagt Mama. „Und was passiert, wenn einer dem andern etwas wegnehmen will?“

„Dann gibt es Streit.“

Mama nickt. „Wieder richtig. Und Streit zwischen Ländern nennt man Krieg. Um ihr Land und ihre Macht zu vergrößern, schickten die Kaiser, Könige und Fürsten ihre Untertanen mehr als tausend Jahre lang immer wieder in Kriege. Und in den Kriegen wurden Millionen Menschen getötet und viele Länder zerstört. Jeder Krieg brachte Not und Elend für die meisten Menschen. Aber auch in Friedenszeiten ging es den einfachen Leuten kaum besser. Sie mussten für Kaiser, Könige und Fürsten prunkvolle Schlösser bauen, während sie selbst in ärmlichen Häusern und Hütten hausten. Die einfachen Leute hatten oft nicht genug zu essen, aber die Herren

lebten in Saus und Braus. Das ging so bis in die ersten Jahre unseres Jahrhunderts. Zu der Zeit hatte Deutschland einen Kaiser. Und auch der schickte seine Untertanen wieder in einen schrecklichen Krieg. Nach vier Jahren waren viele Soldaten nicht mehr bereit, für den Kaiser zu kämpfen und zu sterben. Sie verweigerten den Gehorsam. Auch viele andere Menschen in Deutschland wollten nicht immer nur dem Kaiser und seinen Ministern gehorchen. Sie wollten mitreden und mitbestimmen, wie das Land regiert werden sollte. Und sie wollten ihre

Regierung selbst wählen können. Vor allem aber wollten sie keinen Krieg mehr. Deswegen jagten sie den Kaiser aus dem Land. Das war 1918. Seit damals gibt es in Deutschland keinen Kaiser und keinen König mehr."

Karina blättert in ihrem Märchenbuch. „In den Märchen sind die Kaiser und Könige aber meistens nett."

„Deswegen sind es ja auch Märchen", sagt Mama.

Seit wann gibt es in Deutschland keinen Kaiser mehr?

Warum steht die Burg so weit oben?

Heute müssen die Kinder der zweiten Klasse nicht in die Schule, heute machen sie einen Ausflug. Sie können es kaum erwarten, bis die Fahrt mit dem Bus endlich beginnt. Denn Busfahren ist natürlich viel schöner als im Klassenzimmer sitzen und lernen.

Das erste Ziel auf ihrer Fahrt ist eine Burg. Die Kinder sehen sie schon von weitem, weil sie hoch über dem Tal auf einem Felsen steht. Der Bus hält auf dem Parkplatz.

„Weiter hinauf dürfen wir nicht fahren“, sagt Herr Lemper, der Klassenlehrer. „Das letzte Stück müssen wir zu Fuß gehen.“

Das letzte Stück ist ein ziemlich langes Stück. Der Weg schlängelt sich durch den Wald zur Burg hinauf.

„Puh! Wie weit ist es denn noch?“, stöhnt Fabian. „Warum muss die Burg auch so weit oben stehen?“

„Das weiß ich!“, ruft Andi. „Damit sie nicht erobert werden konnte. Wenn die Feinde angriffen, haben die von oben mit Pfeilen geschossen und große Steine hinuntergeworfen. Und wenn die Feinde trotzdem bis an die Burg herankamen, wurde heißer Teer auf sie hinabgeschüttet.“

„Du weißt ja gut Bescheid“, lobt ihn Herr Lemper. „Kennst du vielleicht noch einen Grund, warum die Burgen meistens auf Anhöhen gebaut wurden?“

Andi zieht die Schultern hoch und schüttelt den Kopf.

Wie wehrten sich die Burgbewohner, wenn sie von Feinden angegriffen wurden?

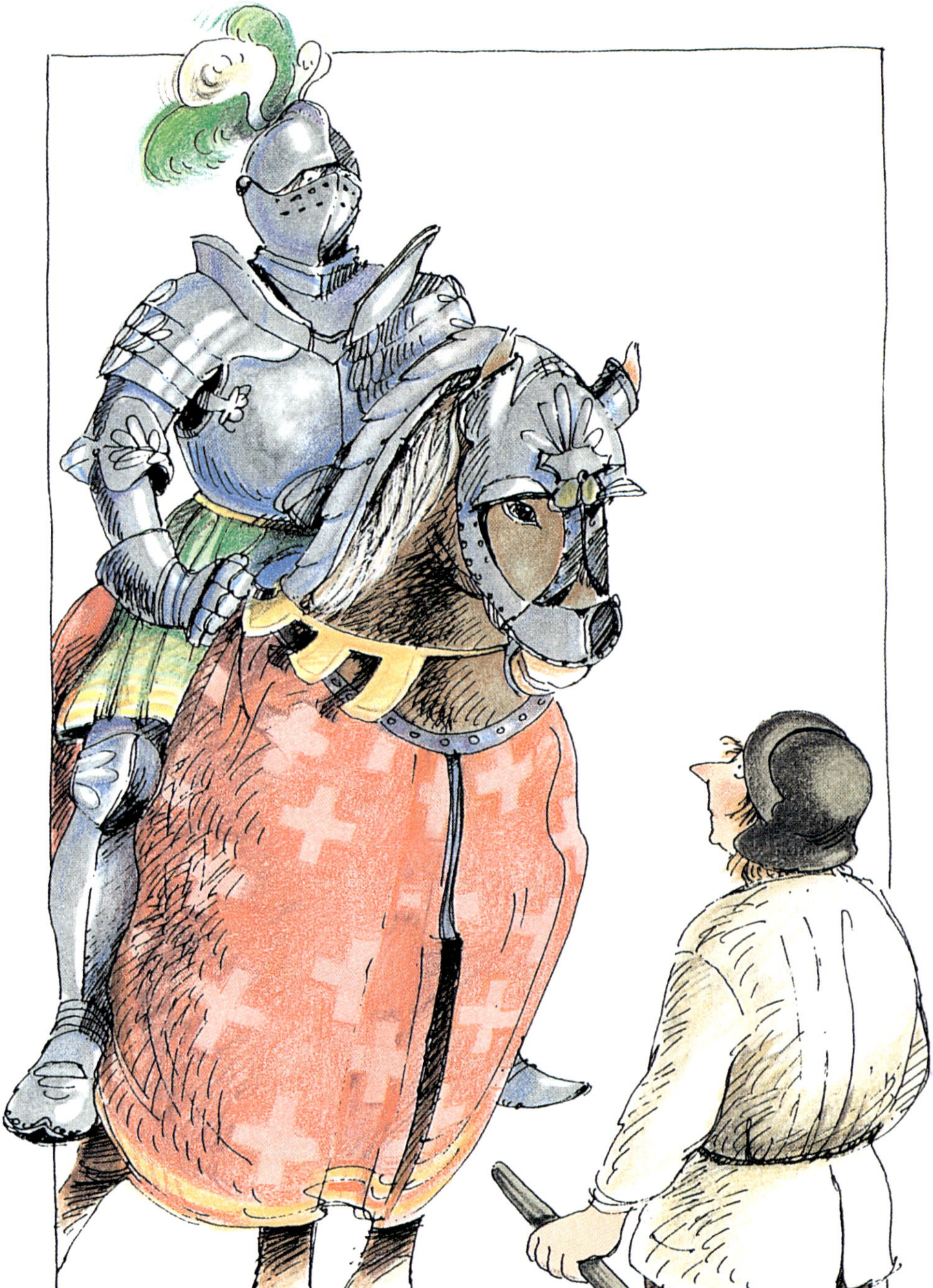

„Mit den großen Burgen hoch über den Tälern wollten die Burgherren den Leuten auch zeigen, wie mächtig sie waren“, erklärt Herr Lemper. „Und die Burgherren waren sehr mächtig. Ihnen gehörte das Land, und alle Bewohner mussten ihnen gehorchen. Wer nicht gehorchte, wurde hart bestraft.“

„Und gefoltert!“, ruft Andi. „Dafür gab es in jeder Burg eine Folterkammer. Die möchte ich unbedingt sehen!“

„Was ist eine Folterkammer?“, möchte Johanna wissen.

Was ist eine Folter-kammer?

„Ein schrecklicher Raum“, sagt Herr Lemper. „Dort wurden Menschen gequält und geschlagen, bis sie alles sagten, was der Burgherr und seine Polizei hören wollten. Aber oft haben die Geständ-

Wie wurden damals die Burgen gebaut?

nisse überhaupt nicht gestimmt. Die Gefolterten konnten nur die Schmerzen nicht mehr aushalten und haben alles gesagt, wie es von ihnen verlangt wurde. Deshalb wurden damals auch viele Leute bestraft, die in Wahrheit völlig unschuldig waren."

„Ich möchte nicht in die Folterkammer", sagt Johanna leise und nimmt Herrn Lempers Hand.

„Musst du auch nicht", beruhigt der Lehrer sie.

Fabian stöhnt wieder und wischt sich den Schweiß von der Stirn. „Wie haben die Leute es damals bloß geschafft, da oben eine Burg zu bauen? Die hatten doch noch keine Autos, keine Bagger, keinen Kran und nichts."

Herr Lemper nickt. „Wir können uns das kaum vorstellen, wie man allein mit der Muskelkraft von Menschen, Pferden und Ochsen so eine riesige Burg bauen konnte. Die Hauptarbeit leisteten die Bauern. Sie mussten jede Woche drei, vier Tage am Burgbau schuften. Dafür erhielten sie aber keinen Lohn. Im Gegenteil, sie mussten ihrem Herrn immer mehr Abgaben und Steuern bezahlen, obwohl sie kaum noch Zeit und Kraft für ihre eigene kleine Landwirtschaft hatten."

„Das ist aber nicht richtig", meint Johanna.

„Damals war vieles nicht richtig", sagt Herr Lemper. „Aber die Herren hatten die Macht. Und wer nicht gehorchte ... Du weißt ja, was mit dem geschah."

„Wir sind oben!“, ruft Julia.

„Endlich!“, stöhnt Fabian und lässt sich erschöpft auf eine Bank fallen.

Wie kleideten sich die Menschen früher?

Bestimmt warst du mit deinen Eltern schon mal in einem Museum. Manche Museen zeigen Kleider und Schuhe aus verschiedenen Jahrhunderten. Wenn du sie dir anschaust, kannst du dir vielleicht vorstellen, wie die Menschen früher gelebt haben.

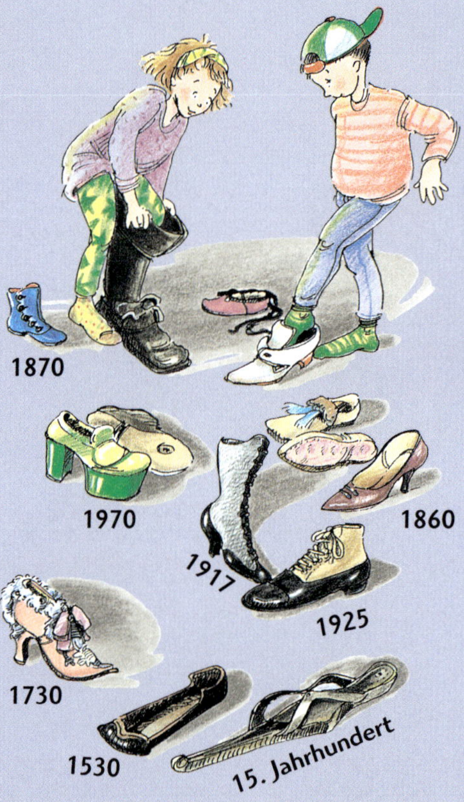

Die ersten Menschen schützten sich mit Fellen und Häuten vor Kälte oder Nässe. Später richtete sich der Mensch nach der Mode und wollte anderen durch seine Kleidung etwas mitteilen: Der Reiche zeigte mit seiner farbigen und eleganten Kleidung, dass er viel Geld hatte. Im Mittelalter konnten sich nämlich nur reiche Menschen bunte Stoffe leisten. Ärmere Bürger waren meist in Braun oder Grau gekleidet. Im 14.–17. Jahrhundert trugen Adlige sehr verspielte und aufwändige Kleider. Manche Röcke waren so ausladend, dass die Frauen sich damit nur seitlich durch die Türöffnung schieben konnten!

Wie erfahre ich etwas über die Vergangenheit?

Frag mal deine Großeltern, wie es früher war. Sie werden dir bestimmt gerne von ihrer Kindheit erzählen. Lass dir alte Fotos zeigen, damit du dir besser vorstellen kannst, wie man früher gelebt hat.

Vieles war schöner: Es gab noch nicht so viele Autos, deshalb war es in den Städten und Dörfern ruhiger. Die Kinder konnten oft noch auf der Straße spielen. Aber nicht alles war besser: Deine Großeltern wurden zum Beispiel viel strenger erzogen.

Wenn du sehen möchtest, wie deine Großeltern und Urgroßeltern gelebt haben, dann besuch am Wochenende doch einmal ein Freilichtmuseum. Frag mal deine Eltern: Bestimmt gibt es auch in deiner Nähe eines.

1992 1962 1932 1917

Manfred Mai, 1949 in Winterlingen geboren, wuchs auf einem Bauernhof auf. Als Kind machte er sich nichts aus Büchern und hatte mit Schule auch nicht allzu viel im Sinn. Nach dem Schulabschluss begann er eine Malerlehre und arbeitete in einer Fabrik. Aber so recht glücklich war er dabei nicht. Er wurde immer unzufriedener und ging auf die Suche nach Neuem. In dieser Zeit entdeckte er, dass Bücher etwas Tolles sind. Er las und lernte viel, wurde Lehrer und schließlich Schriftsteller. Heute lebt Manfred Mai mit seiner Frau und zwei Töchtern im schönen Schwabenländle.

Dagmar Geisler studierte in Wiesbaden das Zeichnen. Direkt nach dem Studium begann sie, für verschiedene Verlage Bücher zu illustrieren. Das macht sie noch heute mit großer Begeisterung – besonders gerne denkt sie sich witzige Details für Bilder aus. Dagmar Geisler hat einen Sohn und lebt bei München.

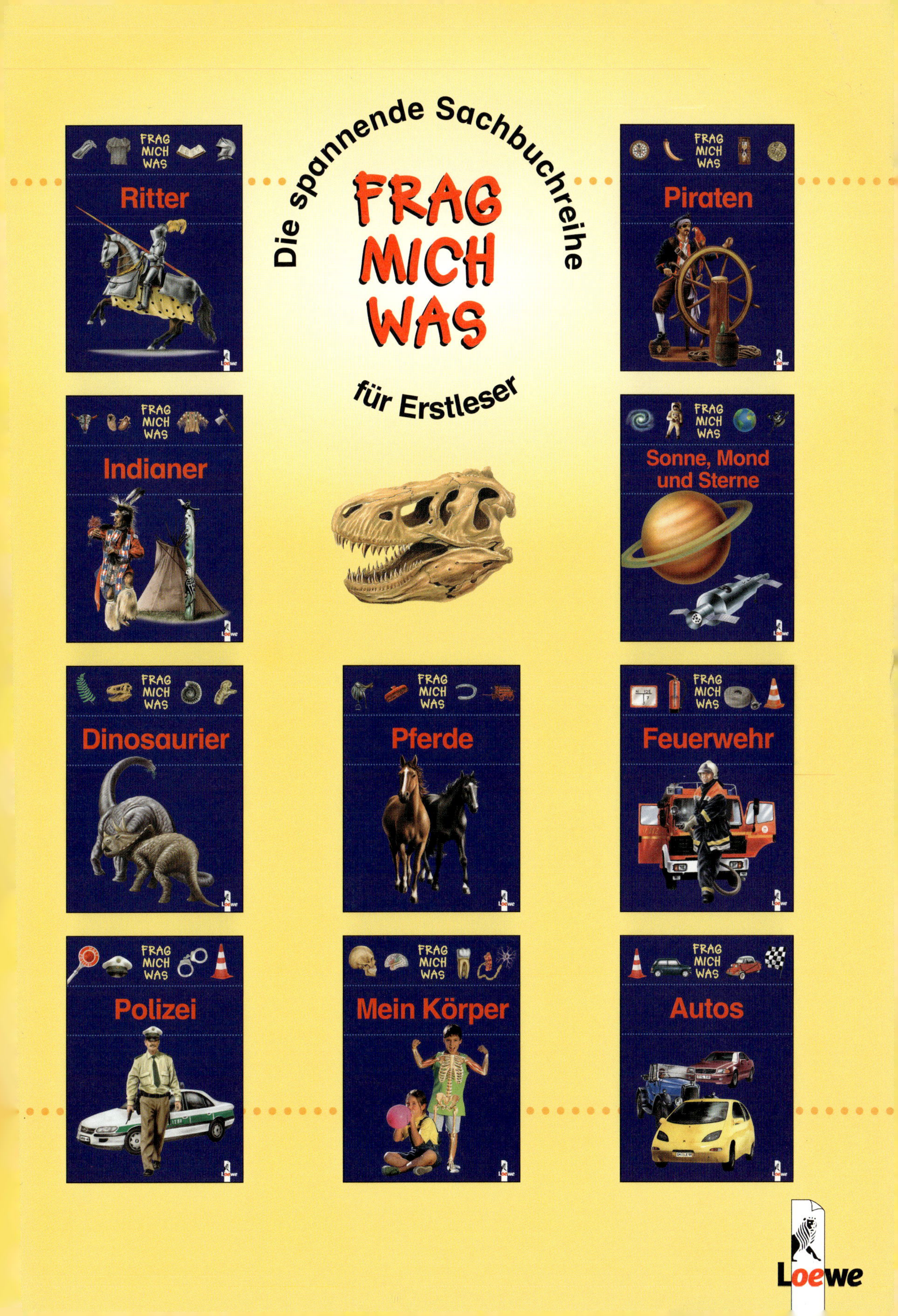
Die spannende Sachbuchreihe
FRAG MICH WAS
für Erstleser
Ritter
Piraten
Indianer
Sonne, Mond und Sterne
Dinosaurier
Pferde
Feuerwehr
Polizei
Mein Körper
Autos
Loewe